New 가나다 KOREAN for Foreigners WORKBOOK 고급 1

가나다한국어학원
(GANADA KOREAN LANGUAGE INSTITUTE)
Tel 02-332-6003(본원) / 02-798-6303(용산) / 02-564-6303(강남)
Homepage www.ganadakorean.com
E-mail ganada@ganadakorean.com

가나다한국어학원은 1991년 설립된 최초의 관인 한국어전문학원입니다.
<가나다KOREAN> 은 가나다한국어학원 교재 연구부가 집필했습니다.

Copyright © 2017 by 가나다한국어학원

New 가나다 KOREAN for Foreigners WORKBOOK 고급 1

교재 집필   가나다한국어학원 교재 연구부

New 가나다 KOREAN WORKBOOK - 고급 1

초판발행	2017년 7월 20일
초판 3쇄	2021년 3월 10일
저자	가나다한국어학원 교재 연구부
책임 편집	권이준, 양승주
펴낸이	엄태상
디자인	이건화
콘텐츠 제작	김선웅, 김현이
마케팅	이승욱, 전한나, 왕성석, 노원준, 조인선, 조성민
경영기획	마정인, 조성근, 최성훈, 정다운, 김다미, 오희연
물류	정종진, 윤덕현, 양희은, 신승진
펴낸곳	한글파크
주소	서울시 종로구 자하문로 300 시사빌딩
주문 및 교재 문의	1588-1582
팩스	0502-989-9592
홈페이지	www.sisabooks.com
이메일	book_korean@sisadream.com
등록일자	2000년 8월 17일
등록번호	1-2718호

ISBN 978-89-5518-914-8 14710
      978-89-5518-916-2 (set)

* 한글파크는 랭기지플러스의 임프린트사이며, 한국어 전문 서적 출판 브랜드입니다.
* 이 책의 내용을 사전 허가 없이 전재하거나 복제할 경우 법적인 제재를 받게 됨을 알려 드립니다.
* 잘못된 책은 구입하신 서점에서 교환해 드립니다.
* 정가는 표지에 표시되어 있습니다.

머리말

〈New 가나다KOREAN WORKBOOK〉은 〈New 가나다KOREAN〉으로 한국어를 공부하시는 분들의 학습을 돕기 위해 출판된 책입니다.

〈New 가나다KOREAN〉에서는 말하기와 듣기, 읽기 활동 등을 통해 한국어를 체계적으로 익힐 수 있도록 구성하였고 〈New 가나다KOREAN WORKBOOK〉에서는 쓰기 연습을 통해 배운 문법과 어휘를 정확하게 이해했는지 확인할 수 있게 하였습니다.

각 과마다 연습 문제가 있고 여섯 과가 끝날 때마다 복습 문제가 있어서 여섯 과의 내용을 종합하여 다시 검토할 수 있으며, 혼자 공부하는 학생은 뒤에 실린 해답을 보고 스스로 체크할 수 있습니다.

〈New 가나다KOREAN WORKBOOK〉을 통하여 〈New 가나다KOREAN〉으로 공부하는 여러분의 한국어 실력이 더욱 향상되기를 바랍니다. 또한 한국어에 관심을 갖고 공부하시는 분들께 도움이 될 수 있도록 저희 가나다한국어학원 교재 연구부는 앞으로도 계속하여 한국어 교재 개발에 힘쓸 것을 약속드립니다.

저희 교재를 사랑해 주시는 많은 분들께 감사드리며, 이 책을 출판할 수 있도록 도와주신 〈한글파크〉에도 감사드립니다.

가나다한국어학원 교재 연구부

목차

머리말 3

| 제 1 과 | -아/어 내다 .... 7 |
| | -아/어지다 |

| 제 2 과 | -(으)라고 .... 10 |
| | -(이)야 |

| 제 3 과 | -(으)ㄴ/는 김에 .... 13 |
| | -고자 |

| 제 4 과 | -다든지 -다든지 .... 16 |
| | -같아서는 |

| 제 5 과 | -(으)ㄴ가 하다 .... 19 |
| | -게 굴다 |

| 제 6 과 | -는 법이 없다 .... 22 |
| | -(으)ㅁ으로써 |

복습 제1과 ~ 제6과 25

| 제 7 과 | -(이)고 -(이)고 할 것 없이 .... 29 |
| | -아/어서는 |

제 8 과	-(으)ㄴ/는 이상 32
	-더러
	-은/는 -대로

| 제 9 과 | -(으)니 -(으)니 하다 .... 35 |
| | -거든요 |

| 제 10 과 | -아/어야지요 .... 38 |
| | -(으)ㄹ지라도 |

| 제 11 과 | -에도 불구하고 .... 41 |
| | -(으)로 인해 |

제 12 과	-다고	44
	-더니	

복습 제7과 ~ 제12과 47

제 13 과	-고도	49
	어디 -뿐이겠어요?	
제 14 과	-았/었더니	52
	-다고 해서	
제 15 과	-고 보니까	55
	-기 틀렸다	
제 16 과	-는 법이 어디 있어요?	58
	-만 못하다	
제 17 과	-다고 해도 과언이 아니다	61
	-을/를 비롯해서	
	-만 해도	
제 18 과	-는 한	64
	-을/를 무릅쓰고	
	-아/어 버릇하다	

복습 제13과 ~ 제18과 67

제 19 과	-(으)리라고	69
	-느니	
제 20 과	-아/어 대다	72
	-기 일쑤이다	
제 21 과	-나름이다	75
	-치고	

목차

제 22 과	-다면서요 -다가는	78
제 23 과	-(으)ㄴ가 싶다 -(으)ㄴ/는 마당에	81
제 24 과	-(으)ㄴ 감이 있다 -다면 몰라도	84

복습 제19과 ~ 제24과 87

제 25 과	-았/었다 하면 -(으)나마나	91
제 26 과	-(으)ㄹ 듯 말 듯하다 -마저	94
제 27 과	-자 -(으)ㄴ 채	97
제 28 과	-을/를 가지고 설마 -(으)려고요	100
제 29 과	-아/어 놓았다가 -이/가 따로 없다 기껏해야	103
제 30 과	-(으)ㄹ 대로 어찌나 -던지	106

복습 제25과 ~ 제30과 109

해답 111

제1과 -아/어 내다   -아/어지다

어휘와 표현

1. 밑줄 친 단어와 가장 비슷한 의미의 단어를 골라 알맞게 쓰십시오.

> 다양하다   어색하다   특이하다   해지다   활기차다   흥미롭다

> [보기] 도자기 축제에 흔히 볼 수 없는 모양의 도자기가 많이 전시돼 있었어요.
> 　　　특이한

1) 머리를 갑자기 짧게 자르니까 <u>자연스럽지 않고</u> 다른 사람이 된 기분이에요.

2) 이 면바지가 오래돼서 <u>낡고 구멍이 났는데</u> 요즘은 이런 것도 유행이라고 하네요.

3) 오랜만에 대학교에 가 보니 학생들의 모습이 <u>힘이 넘치고 생기가 있었어요</u>.

4) 박 교수님이 이번 세미나에서 발표한 논문의 주제가 <u>재미있었습니다</u>.

5) 요즘 청소년들의 고민이 <u>여러 가지</u>일 테니까 조사를 해 보고 정책을 세웁시다.

2. 다음에서 공통으로 들어갈 수 있는 단어를 골라서 쓰십시오.

> 튀다   장만하다   견디다

1) 요리할 때 기름이 (　　　　)면 델지도 모르니까 조심하세요.

　이 셔츠가 멋있기는 한데 색깔이 너무 (　　　　)어서 내가 소화할 수 있을지 모르겠다.

2) 그동안은 낡은 낚싯대를 썼는데, 이번에 받은 보너스로 좋은 낚싯대를 (　　　　)려고 해요.

　집을 사고 싶은데 쉽지 않아요. 언제쯤 집을 (　　　　)ㄹ 수 있을까요?

3) 어젯밤에 갑자기 열이 나고 숨이 막혀서 (　　　　)기가 힘들었어요.

　이 유리그릇은 열에도 잘 (　　　　)고 잘 깨지지 않아요.

-아/어 내다

3. 다음 문장을 보기와 같이 바꾸어 쓰십시오.

> 보기 여러 가지 악조건 속에서 끝까지 버텼습니다.
> → 여러 가지 악조건 속에서 끝까지 버텨 냈습니다.

1) 말도 없고 조용한 편이라서 학교생활에 적응을 잘 할 자신이 없다.
   → _____

2) 슬픔이나 아픔을 끝까지 참는 사람이 승리하는 것이다.
   → _____

3) 고집이나 신념이 없이는 전통을 지키기 어렵습니다.
   → _____

4) 그 사람이 대답을 하지 않고 있는데 이번에는 확실한 대답을 받을 거예요.
   → _____

5) 이번 공격을 막으면 다음 세트에서 이길 수도 있을 것 같은데요.
   → _____

4. 다음 대화를 완성하십시오.

1) 가 : 수술 후 통증이 심할 텐데……. (아이가 견디다)
   나 : 글쎄 말이에요. _____ 걱정이에요.

2) 가 : 수술도 여러 차례 하셨는데 어떻게 건강을 회복하셨어요? (가족들이 곁에서 도와줘서 병을 이겼다)
   나 : _____

3) 가 : 내년 수출 목표 10% 성장을 이룰 수 있을까요? (국내외 환경이 좋지 않지만 이룹시다)
   나 : _____

4) 가 : 누가 처음에 이런 기계를 생각했을까요?
   나 : 글쎄요, _____ 잘 모르겠습니다.

5) 가 : 이번 대회에서는 메달을 딸 수 있기 바란다.
   나 : _____

-아/어지다

5. 다음 문장을 보기와 같이 바꾸어 쓰십시오.

> 보기 조선 시대 때 한글을 만들었어요.
> → 조선 시대 때 한글이 만들어졌어요.

1) 이 펜으로 쓰니까 글씨를 잘 써요.

   → _____

2) 그 일은 정말로 잊어버리고 싶은데 잊어버리지 않아요.

   → _____

3) 나쁜 습관을 고치기는 생각보다 어려워요.

   → _____

4) 지금처럼만 하면 내년엔 목표를 이룰 거예요.

   → _____

5) 이 이야기는 옛날부터 입에서 입으로 전한 전설입니다.

   → _____

6) 이 건물은 아주 튼튼하게 지어서 웬만한 지진에도 끄떡없을 겁니다.

   → _____

6. 다음 대화를 완성하십시오.

1) 가 : 이 소설을 읽고 뭘 느끼셨어요?

   나 : 글쎄요, 너무 평범한 소설이라 별로 _____ 는 게 없었어요.

2) 가 : 경찰이 그 사건을 수사했는데 범인을 밝혔습니까?

   나 : 아니요, 아직 _____

3) 가 : 셔츠에 묻은 얼룩을 지웠어요?

   나 : 네, 세제에 담갔다가 빠니까 _____

4) 가 : 누가 알리지도 않았는데 사람들이 그 사실을 어떻게 알았죠?

   나 : 잡지에 기사가 나서 _____

제2과 -(으)라고 -(이)야

어휘와 표현

1. 밑줄 친 단어와 비슷한 의미의 단어를 골라 알맞게 쓰십시오.

> 담담하다   벌어지다   불길하다   예민하다   재수가 좋다

1) 저는 시험이나 중요한 일이 있을 때는 신경이 <u>날카로워져서</u> 작은 일에도 짜증이 나요.

2) 경기가 있는 날 아침에 단추가 떨어져서 왠지 <u>운이 나쁠 것 같은</u> 예감이 들었다.

3) 지난번 술자리에서 일어난 일 때문에 두 사람의 관계가 <u>나빠진</u> 것 같다.

4) 선거에 패배했을 때 인터뷰에서는 <u>평온하고 침착한</u> 척했지만 속마음은 많이 불편했습니다.

5) 용꿈이나 돼지꿈을 꾸면 <u>좋은 일이 있을</u> 거라고 해요.

2. 알맞은 단어를 골라 쓰십시오.

> 신경을 쓰다   신경이 쓰이다   신경이 예민하다

1) 경기가 있으면 며칠 전부터 입맛도 없어지고 (   )아/어진다.

2) 딸이 결혼 날짜를 잡고 나니 어찌나 (   )ㄹ 일이 많은지 모르겠다.

3) 도서관 옆자리에 앉은 사람의 과자 먹는 소리 때문에 (   )아/어서 책이 안 읽힌다.

3. 생활 속의 징크스나 자신만의 여러 가지 징크스에 대해 써 보십시오.

1) 물건을 찾지 못해서 새로 사면 항상 _____

2) 지하철에서 빈자리가 나기를 기다리면 언제나 _____

3) 텔레비전을 보려고 켜면 _____

나의 징크스

-(으)라고

4. 다음 대화를 완성하십시오.

1) 가 : 현수막 글씨를 빨간색으로 썼네요. (멀리서도 잘 보이다)
   나 : _____

2) 가 : 크리스마스인데 아이들과 같이 보내지 않고 외출하시려고요?
         (애들이 친구들과 파티를 한다고 해서 재미있게 놀다)
   나 : _____

3) 가 : 빨래를 밖에다가 널어 놓으셨네요. (햇볕에 잘 마르다)
   나 : _____

4) 가 : 생선 조림에 생강즙을 넣는 거예요? (보통 비린내 나지 말다)
   나 : _____

5) 가 : 박스 포장을 두 번이나 하셨네요. (병이라서 깨지지 말다)
   나 : _____

6) 가 : 외국에서 온 친구를 왜 혼자 두고 나왔어? (조용히 쉬다)
   나 : _____

5. 아래의 표현을 사용하여 문장을 완성하십시오.

| 아들딸 많이 낳다   귀신이 방해하지 말다   일이 잘 풀리다 |
| 돈 많이 벌다   햇볕이 잘 들어오다   100살까지 건강하게 살다 |

1) 결혼식 할 때는 _____ 밤이나 대추를 신랑, 신부에게 던집니다.

2) 집들이 때는 _____ 휴지를 선물하기도 합니다.

3) 집을 지을 때는 _____ 남쪽으로 창문을 내는 경우가 많았습니다.

4) 이사 갈 때는 _____ 좋은 날을 잡는 사람이 많아요.

5) 사업을 시작할 때는 _____ 돼지머리를 놓고 제사를 지냅니다.

6) 아기 백일 때는 _____ 백설기라는 하얀 떡을 해서 먹어요.

-(이)야

6. 다음 대화를 완성하십시오.

1) 가 : 프랑스 파리로 출장을 갔었는데 시간이 없어서 여행은 못했어요. (에펠탑)

   나 : 여행을 못했어도 _____ 보셨겠지요.

2) 가 : 저는 술을 잘 못 마셔요. (맥주 한잔)

   나 : _____

3) 가 : 이번 설날에는 바빠서 음식은 아무것도 못할 것 같아요. (떡국)

   나 : _____

4) 가 : 저는 옛날에 만났던 여자 친구들은 다 잊어버렸어요. (첫사랑)

   나 : _____

5) 가 : 윤아는 결혼할 때 예물을 아무것도 안 한다는데 반지도 안 할까?

   나 : _____

-고야 싶지만

7. 아래의 상황에서 보기와 같이 문장을 만드십시오.

	희망	실제 상황
보기	부모님을 자주 찾아뵙기	시간이 나지 않아서 어렵다
1)	징크스를 무시하기	오래된 징크스라서 잘 안 된다
2)	술을 줄이기	술자리가 자주 있어서 마시게 된다
3)	좋아하는 사람에게 말하기	거절당할까 봐 두려워 못하겠다
4)	사원들의 요구를 들어주기	회사 사정이 좋지 않아서 곤란하다

보기   부모님을 자주 찾아뵙고야 싶지만 시간이 나지 않아서 어려워요.

1) _____

2) _____

3) _____

4) _____

제3과 -(으)ㄴ/는 김에   -고자

어휘와 표현

1. 다음 단어 중에서 알맞은 것을 골라서 쓰십시오.

재주껏   욕심껏   실컷   한껏   지금껏

1) (   ) 그렇게 호기심이 많고 낙천적인 사람은 본 적이 없어요.

2) 독일의 맥주 축제에 가게 돼서 간 김에 (   ) 마시고 오려고 해요.

3) 새 옷에 모자까지 그렇게 (   ) 멋을 내고 대체 어딜 가는 거야?

4) 내 후배 선영이가 마음에 든다고? 내가 소개팅 자리는 마련할 테니 그 다음부터는 네가 (   ) 해 봐.

2. 다음 문장에 공통으로 들어갈 동사를 골라 알맞은 형태로 쓰십시오.

1) 신 과장과 저는 생각이 너무 달라 회의할 때마다 사사건건 (   ).
   길을 가다가 가끔 다른 사람과 어깨가 (   )(으)ㄹ 때가 있다.
   ① 부딪치다   ② 다투다   ③ 닿다   ④ 치다

2) 제가 개인적인 질문을 했더니 기분이 나빴는지 (   )아/어 보던데요.
   큰일도 끝나고 돈도 생겼으니 오늘은 제가 (   )(으)ㄹ 테니까 맘껏 드세요.
   ① 내다   ② 풀다   ③ 쏘다   ④ 치다

3) 어제 맥주하고 소주를 (   )아/어 마셨더니 머리가 깨질 듯이 아파요.
   간장, 고추장, 설탕을 한 숟가락씩 넣고 잘 (   )아/어 주세요.
   ① 더하다   ② 타다   ③ 합치다   ④ 섞다

4) 햇볕이 뜨거울 때는 잠깐만 밖에 있어도 얼굴이 금방 (   )아/어요.
   소주가 너무 쓰고 독해서 저는 주스를 조금 (   )아/어서 마셔요.
   ① 타다   ② 익다   ③ 얻다   ④ 넣다

5) 잘못을 했을 때는 무조건 용서해 달라고 (   )아/어야 해.
   1월 1일에 떠오르는 해를 바라보며 소원을 (   )는 사람들이 많다.
   ① 바라다   ② 빌다   ③ 청하다   ④ 구하다

-(으)ㄴ/는 김에

3. 다음 대화를 완성하십시오.

1) 가 : 부산에 출장을 가신다면서요? 여름휴가도 못 갔으니까 이번 기회에 바람 좀 쐬시면 좋겠네요.

　　나 : 네, _____ 바다도 보고 해산물도 먹고 오려고 해요.

2) 가 : 냉장고가 오래돼서 하나 살까 해요.

　　나 : _____ 큰 거를 사는 게 좋겠네요.

3) 가 : 여기 쌓여 있는 서류를 어떻게 할 거예요?

　　나 : 이번에 정리하는 김에 _____

4) 가 : 동대문 디자인플라자에 구경거리가 많다고 하더라. (말이 나왔다)

　　나 : _____ 지금 가 보자.

4. 다음 속담과 의미를 연결하고, 속담을 넣어 문장을 완성하십시오.

1) 쇠뿔도 단 김에 빼라. 　•　　　　　　• ① 일이 잠깐 잘못됐을 때 좀 시간을 갖고 일을 여유 있게 함.

2) 떡 본 김에 제사 지낸다. 　•　　　　• ② 우연히 운이 좋은 기회에 하려던 일을 함.

3) 넘어진 김에 쉬어간다. 　•　　　　　• ③ 어떤 일을 하려고 했으면 한창 열이 올랐을 때 망설이지 말고 곧 해야 함.

4) _____ 쉬면서 재충전도 하고 새 직장을 찾아보세요.

5) 쇠뿔도 단 김에 빼라고 _____

6) _____ 먹을 거 생겼으니까 오늘 송년회 할까?

-고자

5. 보기와 같이 문장을 만드십시오.

	목적	행동
보기	청소년들의 스마트폰 사용 실태를 알아보기	300명을 대상으로 설문 조사를 실시하였다
1)	유치원생들에게 올바른 식습관을 갖게 하기	단체 급식을 하고 있다
2)	흡연의 유해성을 알리기	담뱃갑에 금연 광고를 하기로 하였다
3)	아이들에게 교통 법규의 중요성을 심어 주기	어린이 교통 공원을 만들었다
4)	주민들의 취미와 여가 생활을 돕기	동 주민 센터에서 다양한 프로그램을 마련하고 있다
5)	브랜드 이미지를 강조하기	제품의 내용보다 이미지 위주의 광고를 하였다

보기 청소년들의 스마트폰 사용 실태를 알아보고자 300명을 대상으로 설문 조사를 실시하였습니다.

1) _____
2) _____
3) _____
4) _____
5) _____

6. '-고자 하다'를 이용하여 밑줄 친 부분을 바꾸어 알맞게 쓰십시오.

1) 매달 15일에 정기 모임을 <u>갖다</u>

2) 가게의 이익금 일부를 어려운 이웃을 돕는 데 <u>쓰다</u>

3) 다음 시간에는 전문가 선생님들을 모시고 노후 대책에 관해 <u>듣다</u>

4) 영업부에서 수고하는 팀장들을 위해 단합대회를 <u>하다</u>

5) 금년 말까지 수출 목표를 꼭 <u>달성하다</u>

제4과 -다든지 -다든지   -같아서는

어휘와 표현

1. 알맞은 단어를 골라 쓰십시오.

> 긍정적이다   꼼꼼하다   내성적이다   사교적이다   부정적이다

1) 저는 (   )(이)라는/다는 말을 자주 들어요. 일을 할 때 여러 번 확인하고 실수도 잘 안 하는 편이거든요.

2) 형은 외향적인 반면에 동생은 (   )ㄴ 편이라서 자기 생각을 밖으로 잘 표현하지 않아요.

3) 걱정이 별로 없고 항상 모든 일이 잘 될 거라고 생각하는 사람을 우리는 (   )ㄴ 사람이라고 합니다.

4) (   )ㄴ 사람은 처음 보는 사람과도 쉽게 친해지고 여러 사람과 어울리는 것을 좋아합니다.

5) 어려움이 닥쳤을 때 너무 (   )으로 생각하지 말고 좋은 쪽으로 생각하도록 해 보세요.

2. 알맞은 단어를 골라 문장을 완성하십시오.

> 집중력   장점   소통하다   다양하다

독서는 아이의 1) (   )을 향상시키고 직접 경험할 수 없는 여러 가지 2) (   )ㄴ/는 경험을 하게 하는 3) (   )이 있으며 다른 세계와 쉽게 4) (   )ㄹ 수 있도록 이끈다.

3. 반대 의미가 되는 단어를 연결하고, 자신은 어떤 편인지 써 보십시오.

1) 내성적이다   •   • 덜렁대다

2) 꼼꼼하다   •   • 얌전하다

3) 신중하다   •   • 외향적이다

4) 활발하다   •   • 긍정적이다

5) 부정적이다 •   • 경솔하다

나의 성격은

-다든지 -다든지

4. 다음 문장을 완성하십시오.

1) 스트레스가 쌓일 때에는 _____

2) _____ 하는 경우는 6급으로 올라갈 수 없어요.

3) 말하기 실력을 키우고 싶으면 _____ 해야 하지 않을까요?

4) 퇴원 후에 혹시 _____ 하면 빨리 병원으로 오세요.

5) '죽었다'라는 말 대신 _____ 하는 표현이 있어요.

5. 보기 와 같이 대화를 완성하십시오.

> 보기 가 : 면접에서 보통 어떤 질문을 받게 되나요?
> 나 : 지원 동기라든지 입사 후 계획이라든지 하는 것들을 물어봅니다.

1) 가 : 외국인이 좋아하는 한국 음식으로는 뭐가 있을까요?

   나 : _____

2) 가 : 아이가 채소를 안 먹으려고 하는데 먹일 방법이 있을까요?

   나 : _____

3) 가 : 덜렁대고 집중력이 떨어지는 사람에게 어떤 조언을 하시겠어요?

   나 : _____

4) 가 : 한국말을 배우기는 해야 하는데 오전에 일을 해서 시간이 없어요.

   나 : _____

5) 가 : 어떤 경우에 스스로 건강이 안 좋아졌다고 느끼나요?

   나 : _____

-같아서는

6. 보기와 같이 다음 문장을 완성하십시오.

> 보기 아침엔 흐리고 비가 많이 왔는데 지금은 해가 쨍쨍하다.
> 아침 같아서는 하루 종일 비가 올 것 같았는데.

1) 요즘 지하철 파업 때문에 출퇴근이 너무 힘들다. 다음 주에는 나아질 거라고 기대해 보지만

_____

2) 한국 대학교 입학을 위해 한국말 공부를 시작했는데 지금 실력은 2급 정도이다.

_____

3) 회사에 가야 하는데 아까는 너무 어지러워서 일어날 수가 없었다.

_____

4) 주말에 동창회 가야 하는데 이번 주 일이 너무 많아 정신없이 바쁘다.

_____

7. 보기에서 알맞은 내용을 골라 다음 대화를 완성하십시오.

> 보기 백번이라도 해 주고 싶은데 마음뿐이네요.
> 푹 쉬고 오고 싶지만 시간이 안 나서요.
> 끝난 게임이라 생각했는데.
> 별로 달라질 것 같지 않아요.

1) 가 : 부인한테 사랑한다는 말도 자주 하고 그러세요.

　 나 : 마음 같아서는 _____

2) 가 : 다음 달은 좀 한가해질까요? 이번 달은 정신없이 바쁘네요.

　 나 : 이번 달 같아서는 _____

3) 가 : 모처럼 가는 여행이니까 한 달 정도 여유 있게 다녀오시면 어때요?

　 나 : 생각 같아선 _____

4) 가 : 전반전까지 3:0이었는데 3:4로 졌다고요?

　 나 : 그러게요. 전반전 같아선 _____

제5과 -(으)ㄴ가 하다   -게 굴다

어휘와 표현

1. 알맞은 단어를 골라서 쓰십시오.

| 맏이   막내   외동   장남   차녀 |

1) 형제, 자매 가운데 제일 나이가 많은 사람 (   )   2) 여자 형제 가운데 둘째 딸 (   )

3) 형제, 자매 중에서 맨 나중에 태어난 사람 (   )   4) 형제가 없는 아이 (   )

5) 형제 가운데 첫째 아들 (   )

2. 알맞은 단어를 골라서 쓰십시오.

| 책임감   열등감   우월감   죄책감   거부감 |

1) 그 사고는 너 때문에 일어난 게 아니니까 괜히 (   ) 느낄 필요 없어.

2) 좋아하는 사람에게 너무 적극적이거나 친하게 굴면 오히려 (   )을 줄 수 있다.

3) 나오미 씨는 (   )이 강해서 일을 맡기면 잘 해낼 거예요.

4) 겉으로 보이는 것으로 자신과 남을 자꾸 비교하면 (   )이나 (   )에 빠지게 됩니다.

3. 알맞은 단어를 골라서 대화를 완성하십시오.

| 신중하다   느긋하다   자상하다   꼼꼼하다 |

1) 가 : 어제 부동산에 가서 집을 보고 바로 계약했는데 잘못한 거 같아요.

   나 : 중요한 결정을 할 때는 좀 더 알아보고 _____

2) 가 : 수능시험에서 답을 하나씩 다 밀려 썼어요. 마지막에 다시 확인을 했어야 했는데.

   나 : 이번에는 어쩔 수 없고, 다음부터는 _____

3) 가 : 제가 좀 무뚝뚝해서 그런지 집에서 아이들과 아내가 불만이 많아요.

   나 : _____

-(으)ㄴ가/나/(으)ㄹ까 하다

4. 보기와 같이 문장을 만드십시오.

> 보기 태민 씨와 소희 씨가 워낙 친해서 사귀는 것 같다고 생각했다.
> → 태민 씨와 소희 씨가 워낙 친해서 사귀나 했어요.
> → 태민 씨와 소희 씨가 워낙 친해서 사귀는 게 아닌가 했어요.

1) 감기가 하도 안 나아서 큰 병에 걸렸다고 생각했다.

   → _____
   → _____

2) 어제 산 생선에서 이상한 냄새가 나서 상한 것 같다고 생각했다.

   → _____
   → _____

3) 그 도자기가 흠도 없고 너무 깨끗해서 위조품처럼 보였다.

   → _____
   → _____

4) 유진 씨가 얘기를 잘 안 해서 뭔가 숨기는 것 같다고 생각했다.

   → _____
   → _____

5. 다음 대화를 완성하십시오.

1) 가 : 찌개가 좀 싱거운 것 같은데요. (좀 짜다)

   나 : 제가 _____ 물을 넣었거든요.

2) 가 : 새 집은 어디에서 찾고 계세요? (북한산 근처가 싸고 좋다)

   나 : _____ 그쪽으로 알아보고 있어요.

3) 가 : 어제 제출한 보고서 봤는데 아주 잘 조사하고 썼던데……. (잘못 쓰다)

   나 : 그래요? _____ 걱정했는데, 감사합니다.

4) 가 : 이번 전시회에 작품을 출품하셨다면서요? 언제 그걸 다 하셨어요? (어렵다)

   나 : 저도 시간이 촉박해서 _____ 했는데 다행히 기한에 맞추었어요.

-게 굴다

6. 다음과 같은 상황일 때 보기와 같이 알맞은 단어를 골라서 문장을 만드십시오.

> 치사하다   거만하다   귀찮다   까다롭다   한심하다   얄밉다

보기 형이 자기 물건을 빌려 주지도 않고 만지지도 못하게 할 때
→ 형이 <u>치사하게 굴어요.</u>

1) 스물다섯 살 된 아들이 집에서 놀기만 하고 아무 일도 안 하려고 할 때
→ _____

2) 부하 직원이 너무 사소한 질문을 반복할 때
→ _____

3) 상대방이 계속 잘난 체하고 나를 무시하는 듯해 보일 때
→ _____

4) 세탁해 놓은 옷이나 새로 산 옷을 동생이 몰래 자주 입고 나갈 때
→ _____

5) 동료가 보고서 문장 하나에도 신경 쓰고 여러 가지 요구 사항이 많을 때
→ _____

-같이 굴다

7. 다음 대화를 완성하십시오.

1) 가 : 엄마, 나 학교 안 갈래. 이유는 없어요. 그냥 가기 싫어요. (바보)
나 : _____지 말고 왜 그러는지 이야기를 해 봐.

2) 가 : 오늘 밤에 혼자 집을 봐야 되는데 좀 무섭네. (어린애)
나 : _____지 말고 집 잘 보고 있어.

3) 가 : 아드님이 10살밖에 안 됐는데 점잖고 어른스럽네요. (애늙은이)
나 : 그런데 너무 _____어서 걱정이 될 때도 있어요.

4) 가 : 왜 동창 모임에 가기 싫다는 거예요? (얌체)
나 : 후배들이 무조건 선배가 돈을 내야 한다고 _____

제6과 -는 법이 없다   -(으)ㅁ으로써

어휘와 표현

1. 다음은 '-을/를 부리다'의 형태로 사용할 수 있는 단어입니다. 아래 단어를 사용하여 문장을 완성하십시오.

> 멋   어리광   재주   성질   말썽   억지   변덕

1) 중학생 때부터 외모에 신경 쓰고 (   )기 시작한 거 같아.

2) 새로 산 토스터가 작동이 잘 안 되고 자꾸 (   ).

3) 어떻게 (   )어서 몇 가지 재료로 이런 훌륭한 요리를 만들었어요?

4) 저는 막내로 자라서 그런지 중학교 때까지도 아이처럼 굴고 부모님한테 (   )던 거 같아요.

5) 아침에는 해가 나고 따뜻해서 하얀 원피스를 입고 외출했는데 날씨가 어찌나 (   )는지 오후에는 바람이 불고 비가 왔어요.

2. 알맞은 동사를 골라 쓰십시오.

> 마음을 먹다   마음을 쓰다   마음을 풀다   마음이 상하다

1) 저는 잠도 많고 행동도 느린 편이에요. 그래서 좀 부지런해져야겠다고 (   )(으)ㄴ데/는데 잘 안 돼요.

2) 영업부 동료 중 한 명이 고집이 세고 자기 마음대로 하는 편이에요. 그래서 같이 일하다 보면 (   )(으)ㄹ 때가 많아요.

3) 처음 한국에 왔을 때 홈스테이 가족들이 작은 것까지 (   )아/어 주셔서 편하게 적응할 수 있었어요.

4) 선배가 우리를 위해서 한 말이니까 기분 나쁘게 생각하지 말자. (   )고 한잔하자.

3. 밑줄 친 단어와 바꾸어 쓸 수 있는 단어를 골라 쓰십시오.

> 굳이   일일이   막상

1) 태민 씨가 까다롭다는 말을 들었는데 <u>실제로</u> 만나 보니까 털털한 구석이 있던데요.

2) 집을 수리하는데 제가 <u>하나하나</u> 체크하지 않으면 안 될 것 같습니다.

3) 그런 일은 부하 직원에게 시켜도 될 텐데 정 과장은 <u>꼭</u> 자기가 하려고 해요.

-는 법이 없다

4. 다음 문장을 보기와 같이 바꾸어 쓰십시오.

> 보기: 우리 강아지는 산책을 나가면 조용히 걷지 않고 늘 뛰어다녀요.
> → 우리 강아지는 산책을 나가면 조용히 걷는 법이 없어요.

1) 그 사람은 일을 시키면 제시간에 해내지 못하고 언제나 늦습니다.
   → _____

2) 우리 부서는 회식을 하면 1차에서 끝나지 않고 항상 3차까지 갑니다.
   → _____

3) 이 사거리는 통근 시간에 차가 잘 빠지지 않고 너무 막혀요.
   → _____

4) 저는 마트에 장을 보러 가면 계획대로 사지 않고 너무 많이 사곤 해요.
   → _____

5) 그 학생은 집도 가까운데 매일 지각을 해요.
   → _____

5. 다음 대화를 완성하십시오.

1) 가 : 고양이가 주인을 정말 잘 따르네요. (저를 너무 좋아해서 잘 때도 혼자서 자다)

   나 : _____

2) 사원 1 : 우리 사장님은 손님들 이름을 다 기억하시는 거 같아요.
             (워낙 기억력이 좋으셔서 뭐든 한번 외우면 잊어버리시다)

   사원 2 : _____

3) 경찰 1 : 연말이라 그런가. 왜 이렇게 사건, 사고가 많지? (연말에는 하루도 그냥 조용히 지나가다)

   경찰 2 : _____

4) 가 : 경민 씨가 어제 노래방에서 세 곡이나 불렀어요. (노래를 좋아해서 마이크를 잡으면 쉽게 놓다)

   나 : _____

5) 가 : 연초에 세운 다이어트와 금연 계획은 잘 지키고 있나요? (저는 의지가 약해서 3일 이상 지속하다)

   나 : 웬걸요. _____

-(으)ㅁ으로써

6. 다음 문장을 보기와 같이 바꿔 쓰십시오.

> 보기 식단을 서서히 바꾸어서 영양 불균형을 바로 잡아야 합니다.
> → 식단을 서서히 바꿈으로써 영양 불균형을 바로 잡아야 합니다.

1) 아이에게 자기 물건을 스스로 정리하게 해서 독립심을 키워 줘야 해요.
   → _____

2) '박리다매'는 싸게 많이 팔아서 이윤을 남기는 판매 전략입니다.
   → _____

3) 도시 주변에 녹지를 조성해서 환경오염을 줄일 수 있다.
   → _____

4) 북한에 당근과 채찍을 같이 사용해서 국제사회로 나오게 해야 한다.
   → _____

5) 연금 제도를 개혁해서 복지와 빈곤 문제를 해결하고자 합니다.
   → _____

7. 다음 대화를 완성하십시오.

1) 가 : 물건을 버리면 뭐가 달라질 수 있다는 말이에요?
   (최소한의 물건으로 살아가다 / 생활의 습관을 완전히 바꿀 수 있어요.)
   나 : _____

2) 가 : 한국어 존댓말은 상대방을 높이기만 하면 되는 겁니까?
   (그런 것도 있고 자신을 낮추다 / 상대방을 높이는 방법도 있습니다.)
   나 : _____

3) 가 : 이 병원에서는 수술 후에 어떻게 체력을 회복하나요?
   (체계적인 재활 치료를 하다 / 근력을 키우도록 하고 있습니다.)
   나 : _____

4) 가 : 학생들에게 안전 교육을 체험하도록 해야 하나요?
   (직접 체험하다 / 문제 발생 시 대처 능력을 길러야 합니다.)
   나 : _____

복습 제1과~제6과

1. 다음 부사 중에서 알맞은 것을 골라 하나씩 쓰십시오.

1) (섣불리, 무조건)

   잘 알아보지 않고 (　　　　　) 장사를 시작했다가 후회하는 경우를 봤어요.

   그 후배는 내 말이라면 들어 보지도 않고 (　　　　　) 좋다고 하는 사람이야.

2) (엄청, 확)

   콜라를 마시니까 속이 (　　　　　) 뚫리는 것 같아서 시원하다.

   두 형제가 외모도 그렇고 성격도 그렇고 비슷한 게 없이 (　　　　　) 달라요.

3) (막상, 마침)

   이 동네에서 집을 구하는데 (　　　　　) 적당한 집이 있어서 금방 구했어요.

   서울로 와서 자취를 시작했는데 (　　　　　) 살아 보니 돈이 많이 들었어요.

4) (굳이, 일일이)

   너는 눈이 나빠서 군대 면제를 받을 텐데 왜 (　　　　　) 가려고 하는 거야?

   물건에 문제가 있는지 (　　　　　) 확인해 봐야 합니다.

2. 알맞은 단어를 고르십시오.

1) 장웨이 씨는 인상도 좋고 성격도 (모가 나서 / 원만해서) 인기가 많다.

2) 그 사람은 일할 때 너무 (산만해서 / 느긋해서) 같이 해야 할 때는 답답하다.

3) 과장님은 겉으로는 (털털해 / 자상해) 보여도 실제로는 꼼꼼한 분이시다.

4) 동료가 일은 열심히 안 하고 상사한테만 잘 보이는 게 (얄밉다 / 쑥스럽다).

5) 다른 사람의 의견을 잘 듣는 건 좋지만 (우유부단하게 / 완고하게) 자신의 생각을 말하지 못하는 건 좋지 않다.

6) 물건을 사 간 손님이 두 번이나 다른 것으로 교환해 가지고 갔다가 다시 환불해 달라고 왔다. (변덕스러운 / 신중한) 손님은 피곤하다.

3. 밑줄 친 부분을 피동의 형태로 고치십시오.

   1) 제가 이사 왔을 때도 건물 벽에 이 그림이 <u>그려 있었어요</u>.

   2) 내가 1등을 했다는 사실이 <u>믿지 않아서</u> 몇 번이나 확인했어요.

   3) 우리 할아버지는 고향이 평양이신데 고향에 가 보시는 게 소원이시래요. 언제쯤 할아버지의 소원이 <u>이룰까요</u>?

   4) 이 육상 선수가 올림픽에서 세계 신기록을 세웠는데 그 기록은 당분간 <u>깨지 않을 것 같아요</u>.

   5) 이 마을에는 옛날부터 <u>전하는</u> 이야기가 있는데 신비스럽기도 하고 무섭기도 해요.

4. 다음 연결어를 사용해서 한 문장으로 만들거나 바꾸어 쓰십시오.

   > -(으)라고   -(으)ㅁ으로써   -(으)ㄴ 김에   -고야 싶지만   -고자

   1) 집안의 인테리어를 바꾸다 / 그 기회에 전자제품도 바꾸려고 해요.
      → _____

   2) 독재자는 반대 세력을 제거하다 / 자신의 권력을 강화시켜 나갔다.
      → _____

   3) 내년에 회사의 수출 지역을 넓히고 싶은 계획이 있어서 시장 조사를 하고 있다.
      → _____

   4) 두 아이가 많이 다투어서 사이좋게 지내기를 바라는 마음으로 같이 놀 수 있는 장난감을 사 주었어요.
      → _____

   5) 상사에게 회사의 문제점을 말했으면 좋겠다는 마음이 강하지만 오해를 살까 봐 말을 못해요.
      → _____

5. 아래의 주제 중에서 한 가지를 골라서 원고지에 쓰십시오.

   1) 다음 설문 조사 결과를 설명하고 왜 그런 현상이 나타났는지 자신의 생각을 600~700자 정도로 쓰십시오.

   초등학생 1,000명을 대상으로 '부모님께 가장 하고 싶은 말은 무엇인가?'라는 설문 조사를 하였다.

1위	함께 놀아 주세요	54.3%
2위	공부만 하라고 하지 마세요	20.5%
3위	용돈을 많이 주세요	18.6%
4위	기타	6.6%

2) 다음은 고등학생 1,000명을 대상으로 '가장 중요한 행복의 조건'을 조사한 설문 조사입니다. 설문 조사 결과를 설명하고 왜 그런 현상이 나타났는지, 그리고 앞으로 학생들의 인성 교육의 방향을 어떻게 하면 좋을지 자신의 생각을 600~700자로 쓰시오.

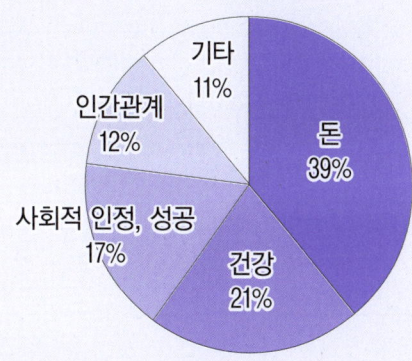

제7과 -(이)고 -(이)고 할 것 없이   -아/어서는

어휘와 표현

1. 다음 부사 중에서 밑줄 친 단어와 바꾸어 쓸 수 있는 부사를 골라 쓰십시오.

싹   아예   제법

1) 새로 입사한 윤소연 씨는 똑똑하고 눈치가 있어서 일을 꽤 잘합니다. (   )

2) 집안일을 조금씩 돕는 것보다 전적으로 내가 맡아서 하는 게 낫겠어. (   )

3) 위펑 씨는 그 프로젝트에 대해서는 처음부터 관심조차 없었어요. (   )

4) 사 놓은 배추가 다 시들었네. 시든 잎은 깨끗이 다 잘라내고 국이라도 끓여야겠다. (   )

5) 아파트가 20평이라고 해서 작을 줄 알았는데 생각보다 넓었어요. (   )

2. 밑줄 친 부분과 비슷한 의미의 단어를 골라서 알맞게 쓰십시오.

막막하다   거창하다   쓸모없다   단출하다   파묻히다

1) 이번 달에는 여러 가지 행사가 많으니까 정기 모임을 너무 크게 하지 맙시다.

2) 1박 2일 여행이라서 짐을 간편하게 쌌어요.

3) 모든 게 뜻대로 되지 않아서 앞날이 답답하고 난감할 뿐이다.

4) 이전에 유명한 정치인이었지만 지금은 시골에서 세상과 거리를 두고 떨어져서 살고 있다.

3. 알맞은 말을 골라서 문장을 완성하십시오.

누구나 할 것 없이   어디나 할 것 없이   언제나 할 것 없이   무엇이나 할 것 없이

1) 직장인이라면 (   ) 월급날과 휴가가 제일 기다려질 거예요.

2) 안내 데스크에서 일하려면 (   ) 단정한 차림으로 있어야 합니다.

3) 아프리카의 초원은 (   ) 평화롭고 아름다웠다.

-(이)고 -(이)고 할 것 없이

4. 보기와 같이 문장을 바꿔 쓰십시오.

> 보기 여기는 차들이 워낙 많아서 언제나 막혀요. (평일 / 휴일)
> → 여기는 차들이 워낙 많아서 평일이고 휴일이고 할 것 없이 막혀요.

1) 모든 사람들이 그 게임을 한번 하면 다 빠져 버린다. (애 / 어른)

   → _____

2) 다이어트는 먹는 음식의 양을 전부 조금씩 줄여야 합니다. (밥 / 빵)

   → _____

3) 연휴 때는 놀러 가는 사람이 많아서 대중교통은 모두 일찍 매진됩니다. (기차 / 고속버스)

   → _____

4) 저는 피부가 예민해서 모두 순한 화장품만 사용해야 돼요. (로션 / 크림)

   → _____

5) 학생들의 체육 시간을 늘려야 한다고 생각합니다. (중학생 / 고등학생)

   → _____

5. 다음 대화를 완성하십시오.

1) 가 : 어린이날이라서 놀이공원에 사람이 너무 많지 않았어요?
      (놀이기구 / 동물원 / 사람이 많아서 제대로 못 놀았다)

   나 : _____

2) 가 : 토픽을 준비하는데 공부해야 하는 게 그렇게 많아요? (문법 / 어휘 / 다 공부하고 외워야 한다)

   나 : 토픽 시험 준비는 _____

3) 가 : 재테크에 대해 전혀 모르는데 뭐부터 시작해야 할지 모르겠어요.
      (주식 / 부동산 / 공부를 많이 하고 시작하는 게 좋다)

   나 : _____

4) 가 : 음악을 좋아한다면서? 어떤 장르를 주로 들어? (팝 / 재즈 / 음악이라면 가리지 않고 좋아한다)

   나 : _____

5) 가 : 저 아이돌 그룹 요즘 자주 나오네. 왜 그렇게 인기야? (노래 / 춤 / 너무 잘하고 외모도 귀엽다)

   나 : _____

-아/어서는

6. 다음과 같은 상황일 때 어떻게 충고를 하시겠습니까? 보기와 같이 대화를 완성하십시오.

> 보기 가 : 권투라는 경기는 힘으로만 싸우는 게 아니라고 들었는데 그런가요?
> 나 : <u>힘으로만 싸워서는 상대를 이기기 어려워요.</u>

1) 가 : 의사가 위염이라고 하는데 음식만 조심하면 나아지겠지.
   나 : _____

2) 가 : 동생은 문제가 생기면 자기 생각대로만 처리해서 해결하려고 해요.
   나 : _____

3) 가 : 열심히 적금을 부으면 언젠가는 대출 없이 집을 살 수 있겠지요?
   나 : _____

4) 가 : 한 6개월 열심히 공부하면 대학에 입학할 수 있을 거라고 생각해요.
   나 : _____

5) 가 : 아이가 아토피가 생겨서 우선 비누만 천연 비누로 바꾸었어요.
   나 : _____

7. 다음 대화를 완성하십시오.

1) 가 : 방이 창고가 됐어요. 이 방에 있는 물건을 몇 가지 버려야겠어요.
   (그렇게 계획 없이 버리다 / 제대로 정리하기 어려워요.)
   나 : _____

2) 가 : 컴퓨터가 고장이 나서 하드에 보관하던 기록이 다 없어졌는데 어떻게 해야 돼요?
   (우리가 보다 / 알 수가 없으니 전문가에게 맡겨 봅시다.)
   나 : _____

3) 가 : 아이가 버릇이 없어서 무섭게 야단을 치는데도 안 고쳐져요.
   (무턱대고 야단을 치다 / 버릇을 고칠 수 없어요.)
   나 : _____

4) 가 : 이 지역 범죄를 줄이려면 CCTV를 많이 설치해야 하지 않아?
   (CCTV만 설치하다 / 범죄를 줄이기 어렵지 않을까?)
   나 : _____

제8과 -(으)ㄴ/는 이상   -더러   -은/는 -대로

어휘와 표현

1. 밑줄 친 단어와 비슷한 의미의 단어를 고르십시오.

1) 사거리를 지나서 <u>곧장</u> 가시면 왼편으로 그 놀이터가 보일 거예요. (   )

① 쭉   ② 싹   ③ 확   ④ 쏙

2) 간밤에 쏟아진 폭우로 인해 마을이 <u>대부분</u> 물에 잠겼습니다. (   )

① 살짝   ② 대충   ③ 거의   ④ 잔뜩

3) 군대도 갔다 왔으니까 제 앞길은 제 힘으로 개척해 나갈게요. (   )

① 저절로   ② 스스로   ③ 홀로   ④ 충분히

2. 다음 이야기를 읽고 알맞은 단어를 넣으십시오.

꿈꾸다   막상   만만하다   만만치 않다   자유롭다   화려하다   현실

입사한 후에 멋진 싱글 생활을 1) (   )(으)며 자취를 시작했어요. 혼자 살면 나 자신을 위해 이것저것 해 보며 내 마음대로 2) (   )게 살 줄 알았어요. 그리고 외모나 패션 같은 것들도 제 취향대로 멋있고 3) (   )게 꾸미면서 말이죠. 그러나 4) (   ) 살아 보니 5) (   )은 여러 가지로 6) (   )았/었어요. 경제적으로도 여유가 없었고 회사일, 집안일도 생각만큼 쉽지 않더라고요. 혼자 사는 것에 대해 너무 7) (   )게 생각했던 것 같아요.

3. 관계가 있는 것끼리 연결하십시오.

1) 동경   •   • ① 생각, 분별

2) 연대감 •   • ② 연결됨, 하나라는 의식

3) 인식   •   • ③ 눈길, 관심

4) 시선   •   • ④ 사모함, 그리움

-(으)ㄴ/는 이상

4. 두 문장을 연결하여 한 문장으로 만드십시오.

> **보기** 일을 시작했다 / 최선을 다 해야 합니다.
> → 일을 시작한 이상 최선을 다 해야 합니다.

1) 그 사람이 알고 있다 / 사실을 숨겨도 결국 모두 알게 될 거야.
   → _____

2) 부모이다 / 자식에 대한 책임이 없다고 할 수 없어요.
   → _____

3) 우리가 한 배를 탔다 / 끝까지 서로를 믿고 도와줘야 하지 않을까요?
   → _____

4) 계약서에 서명했다 / 계약을 이행하지 않으면 위약금을 물어야 합니다.
   → _____

5) 돈을 일단 보냈다 / 돌려받기가 쉽지 않을 것 같아요.
   → _____

5. 다음 대화를 완성하십시오.

1) 가 : 본인도 후회하고 있으니까 이번에는 그냥 넘어가요.
   (사장님한테도 보고가 됐다 / 그냥 넘어가기는 어려울 것 같아요.)
   나 : _____

2) 가 : 혼자 살기로 했지만 어려울 때는 부모님한테 의지해야지 뭐.
   (혼자 살기로 했다 / 부모님께 의지하려고 하면 안 돼.)
   나 : _____

3) 가 : 반려견을 키우기 시작했는데 말도 안 듣고 해서 다른 집에 보내 버릴까 봐.
   (집에 데려왔다 / 책임감을 가지고 키워야지.)
   나 : _____

4) 가 : 우리가 어제 계약한 자동차 말이야. 다른 것도 좀 더 알아볼걸.
   (한번 결정했다 / 자꾸 다른 생각하지 마.)
   나 : _____

-더러

6. 다음 대화를 완성하십시오.

1) 가 : 조금 이따가 내가 재활용 쓰레기 버릴 테니 그냥 놔두세요. (아이들 / 하라고 해도 돼요.)

　　나 : _____

2) 가 : 수현아, 눈이 많이 오는데 대문 앞에 눈 좀 깨끗이 쓸어 줄래?
　　　　(그 많은 걸 나 / 혼자서 하라는 거예요?)

　　나 : _____

3) 가 : 엄마, 오늘 친구들 때문에 학교에서 울었어요. (누가 너 / 뭐라고 했어?)

　　나 : _____

4) 가 : 가구를 좀 옮기느라고 너무 힘들었어. (나 / 도와달라고 하지.)

　　나 : _____

5) 가 : 연애한 지 3년 됐는데 여자 친구가 결혼을 어떻게 생각하는지 모르겠어요.
　　　　(여자 친구 / 솔직하게 결혼하자고 이야기해 보세요.)

　　나 : _____

-은/는 -대로

7. 다음 대화를 완성하십시오.

1) 가 : 혼자 살면 자유롭고 편할 거 같아요. (혼자 사는 거 / 혼자 사는 거 / 어려움이 있어요.)

　　나 : _____

2) 가 : 난 부드러운 빵이 훨씬 맛있는데……. (딱딱한 빵 / 딱딱한 빵 / 맛있어요.)

　　나 : _____

3) 가 : 저한테 긴 머리가 어울려요? 짧은 머리가 낫지 않아요?
　　　　(긴 머리 / 긴 머리 / 짧은 머리 / 짧은 머리 / 잘 어울려요.)

　　나 : _____

4) 가 : 같이 가서 알아볼까? (너 / 너 / 알아봐.) (나 / 나 / 알아볼게.)

　　나 : 그러지 말고 _____

5) 가 : 영준이네는 아파트를 팔고 전원주택을 산 거래요? (아파트 / 아파트 / 두고 전원주택을 또 산 거래요.)

　　나 : 아니래요. _____

제9과 -(으)니 -(으)니 하다   -거든요

어휘와 표현

1. 알맞은 단어를 골라 쓰십시오.

바람직하다   먹음직하다   믿음직하다

1) 세영이가 떡볶이를 만들었는데 제법 (   )게 만들었어요.

2) 아드님이 제대하고 좋은 회사에 취직했다니 (   )시겠어요.

3) 가족들이 모두 체중이 늘었으니까 채소와 생선 중심으로 식단을 짜는 게 (   )ㄹ 것 같아요.

2. 밑줄 친 단어와 의미가 비슷한 단어를 골라 바꿔 쓰십시오.

박차다   병행하다   퇴보하다   풍성하다

1) 병원 치료와 식이 요법을 <u>같이 하면서</u> 빨리 회복되고 있습니다.

2) 귀농한 친구 집에 가 보니 텃밭에 여러 가지 채소가 <u>아주 넉넉하게</u> 심어져 있었다.

3) 경쟁사회인데 스스로 노력하지 않으면 <u>전보다 못하고 뒤떨어지는</u> 거 같아요.

4) 하고 싶은 일이 있긴 한데 다니던 직장을 <u>그만두고 나올</u> 용기는 없어요.

3. '하긴'을 넣어 대화를 완성하십시오.

1) 가 : 미국의 유명한 밴드의 공연 표를 예약하려고 했는데 인터넷 접속이 안 돼서 예약을 못했어요.

　　나 : 하긴 _____

2) 가 : 다이어트 잘 하고 있어?

　　나 : 연말에 여기저기 다니면서 좀 많이 먹어서 체중이 3kg이나 늘었어.

　　가 : 하긴 _____

3) 가 : 제주도 여행 가서 돈 많이 들었어요?

　　나 : 20만 원만 쓰려고 했는데 이것저것 쓰다 보니 30만 원 넘게 썼어요.

　　가 : 하긴 _____

-(으)니 -(으)니 하다

4. 보기와 같이 문장을 완성하십시오.

> 보기 여자가 직장에서 성공하려면 뭐다 / 뭐다 / 가족들의 지원이 제일 중요해요.
> → 여자가 직장에서 성공하려면 뭐니 뭐니 해도 가족들의 지원이 제일 중요해요.

1) 휴가는 산이다 / 바다이다 / 해도 조용한 곳에서 푹 쉬고 오는 게 최고예요.
   → _____

2) 남편이 날마다 야근이다 / 모임이다 / 하면서 12시가 넘어야 들어와요.
   → _____

3) 결혼식이다 / 신혼여행이다 / 하지만 혼수가 결혼 준비에서 가장 신경 쓰여요.
   → _____

4) 애완견 중에서는 푸들이다 / 치와와다 / 해도 말티즈가 제일 깜찍하고 귀여워요.
   → _____

5. 다음 대화를 완성하십시오.

1) 가 : 외국 친구들이 오는데 어디에 데려가면 좋을까요?
   (복잡하다 / 불친절하다 / 해도 남대문 시장에 가 봐야 하지 않아요?)
   나 : _____

2) 가 : 한국에 온 지 벌써 3년이 넘었어요. (세월이 가다 / 안 가다 / 해도 지나고 나면 참 빠른 거 같아요.)
   나 : _____

3) 가 : 이번에 집 살 때 형이 돈을 빌려 줘서 쉽게 살 수 있었어요. (밉다 / 곱다 / 해도 형제가 제일이지요.)
   나 : _____

4) 가 : 결혼 생활이 힘들긴 한데 아이 키우는 일은 정말 좋아요.
   (그럼요. 어렵다 / 힘들다 / 해도 육아는 보람이 있어요.)
   나 : _____

5) 가 : 큰 병으로 고생하셨다면서요? 지금은 괜찮으세요?
   (뭐다 / 뭐다 / 해도 건강이 제일 소중하다는 걸 깨달았어요.)
   나 : 네, 많이 좋아졌어요. _____

-거든요

6. 다음은 여러 가지 소개의 문장입니다. 보기와 같이 소개의 문장을 쓰십시오.

> 보기 고향은 통영이라는 작은 도시다 / 근처에 섬이 많고 해산물도 많이 난다
> → 제 고향은 통영이라는 작은 도시거든요. 근처에 섬이 많고 해산물도 많이 나요.

1) 저는 대학에서 생명 공학을 전공한다 / 특히 바이오산업에 관심이 많다
   → _____

2) 저희 집에는 딸만 셋이다 / 그중에서 제가 막내딸이다
   → _____

3) 그 회사가 화장품 회사이다 / 주로 중국과 동남아시아로 수출을 많이 한다
   → _____

4) 내년에 독일에 교환 학생으로 갈 계획이다 / 거기서 대학원도 알아볼 거다
   → _____

7. 다음 대화를 완성하십시오.

1) 가 : 입사한 지 1년이 지났는데 돈을 하나도 못 모았어요. 어떻게 하면 좋을까요?
   (제가 지난달에 연금보험에 가입했다 / 이자도 괜찮고 혜택도 많아요.)
   나 : _____

2) 가 : 굉장히 기분 좋아 보이는데 무슨 좋은 일이 있어요?
   (오늘 아침에 축구 시합이 있었다 / 제가 두 골이나 넣었어요.)
   나 : _____

3) 가 : 출산일이 곧 다가오지요? (예정일이 2달 후이다 / 1년 육아 휴직을 받으려고요.)
   나 : _____

4) 가 : 가나다한국어학원이 어디에 있어요?
   (쭉 가면 횡단보도가 나오다 / 길 건너서 왼쪽으로 가시면 돼요.)
   나 : _____

5) 가 : 안색이 안 좋은데 무슨 일이 있으세요?
   (오늘 아침까지 해야 하는 과제가 있었다 / 어제 밤을 새워서 그런가 봐요.)
   나 : _____

제10과 -아/어야지요   -(으)ㄹ지라도

어휘와 표현

1. 알맞은 단어를 골라 쓰십시오.

> 그럴듯하다   알아주다   웬만하다   탄탄하다

1) 음식 맛은 어떤지 몰라도 그릇에 예쁘게 담으니까 보기엔 (   )네요.
2) 이 선수는 기본기가 (   )아/어서 앞으로 체력만 보강한다면 크게 성장할 수 있습니다.
3) 서 박사는 이 분야에서 꽤 (   )(으)ㄴ/는 전문가입니다.
4) 프랜차이즈 사업 설명회에 가 보면 (   )게 거짓말을 하는 경우도 있으니 조심해야 합니다.
5) 제 친구는 워낙 요리를 잘해서 (   )(으)ㄴ/는 음식은 한번 먹어 보면 비슷하게 만들 수 있어요.
6) 힘들긴 해도 내가 하는 일을 (   )(으)ㄴ/는 사람들이 있어서 보람을 느낍니다.
7) 어려운 일을 많이 겪어서 (   )(으)ㄴ/는 일에는 놀라거나 두려워하지 않아요.

2. 방법을 의미하는 '수'를 사용한 말을 넣어서 대화를 완성하십시오.

> 무슨 수를 써서라도   별다른 수가 없다   좋은 수가 있다

1) 가 : 지금 같은 상태가 계속되면 회사가 문을 닫아야 할지도 모릅니다.
   나 : _____ 지금의 위기를 넘겨야 해요.

2) 가 : 이만큼 키운 가게를 그 가격에 파는 건 너무 아깝다.
   나 : 그럼 어떡해? 당장 현금이 필요한데 _____

3) (바둑을 두고 있는 두 사람의 대화)
   가 : 뭘 그리 오래 생각해요? 빨리 두세요.
   나 : 잠깐만요, _____(으)ㄹ 것 같아서 그래요.

3. '군데'를 알맞게 넣어서 대화를 완성하십시오.

1) 가 : 이력서를 _____ 넣었어요?
   나 : 광고회사 중심으로 세 군데 정도 넣었어요.

2) 가 : 제가 쓴 글에 틀린 게 많아서 고치는 데에 시간이 걸리겠죠?

나 : 네, 좀 많네요. 한두 _____

3) 가 : 다친 부위가 아직도 다 안 나았죠?

나 : 네, 아직도 _____ 상처가 남아 있어요.

-아/어야지요

4. 보기와 같이 대화를 완성하십시오.

> 보기 가 : 아까 토론 시간에 왜 아무 말도 안 하고 있었어?
> (그 분야는 관심도 없고 특별히 아는 게 없다)
> 나 : <u>그 분야는 관심도 없고 특별히 아는 게 있어야지.</u>

1) 가 : 가능하면 외식하지 말고 집에서 해 먹도록 해. (집에 먹을 게 없다)

나 : _____

2) 가 : 크리스마스인데 집에서 혼자 있는 거예요? (같이 놀 사람이 없다)

나 : _____

3) 가 : 동업하던 친구랑 왜 갈라서겠다는 거야? (마음이 맞지 않다)

나 : _____

4) 가 : 사귀는 사람이 있는데 왜 결혼은 안 하겠다는 거야? (결혼하고 싶은 생각이 들지 않다)

나 : _____

5) 가 : 결국 가게를 닫으셨다면서요? (적자가 웬만하지 않다)

나 : 네, _____

-(으)ㄹ 수가 있어야지요

5. 보기와 같이 대화를 완성하십시오.

> 보기 가 : 회원들에게 왜 연락을 안 해요? (연락처 기록이 없어서 연락처를 알 수가 없다)
> 나 : <u>연락처 기록이 없어서 연락처를 알 수가 있어야지요.</u>

1) 가 : 이번 명절 때는 고향에 왜 못 가세요? (기차표를 살 수가 없다)

나 : _____

2) 가 : 이번 일에 앞장서서 일하시게 된 계기라도 있나요? (상황이 심각한데 보고만 있을 수가 없다)

　　나 : _____

3) 가 : 짐이 택배로 왔던데 어떻게 된 거야? (혼자서 짐을 다 들고 올 수가 없다)

　　나 : _____

4) 가 : 어려운 후배들을 후원해 주었다면서? 잘했어. (모르는 척할 수가 없다)

　　나 : 지방에서 올라와서 고생하는데 _____

-(으)ㄹ지라도

6. 문장을 완성하십시오.

1) 비록 육체적으로는 고된 일일지라도 _____

2) 아무리 보수나 근무 조건이 좋을지라도 _____

3) 서로 의견이 다를지라도 _____

4) _____ (으)ㄹ지라도 저는 오랫동안 함께 일했던 사람의 말을 믿고 싶어요.

5) _____ (으)ㄹ지라도 나의 일에 최선을 다하겠다.

7. 대화를 완성하십시오.

1) 가 : 경기 내내 우리 팀이 우월하게 했는데 마지막에 져서 결승에 못 올라간 게 너무 아까워요.

　　나 : 비록 _____ (으)ㄹ지라도 좋은 경기를 펼쳤으니까 괜찮아.

2) 가 : 많은 물건들을 기부해 주셔서 큰 도움이 될 것 같습니다. 감사합니다.

　　나 : 값비싸고 좋은 물건은 아닐지라도 _____

3) 가 : 차현우 선수가 메달을 따지 못해서 팬들의 안타까움이 큰데요.
　　　　(메달은 따지 못했다 / 좋은 기량과 가능성을 보여 준 경기였다)

　　나 : _____

4) 가 : 취업의 어려움을 겪고 있는 청년들에게 무슨 말을 해 주면 좋을까요?
　　　　(당장 꿈을 이루지 못한다고 하다 / 희망을 잃지 않았으면 좋겠다)

　　나 : _____

5) 가 : 정 대리가 잘못하긴 했지만 작은 잘못이니까 그냥 넘어가지.

　　나 : 비록 _____

제11과 -에도 불구하고   -(으)로 인해

어휘와 표현

1. 알맞은 단어를 골라 쓰십시오.

| 글재주   만능재주꾼   소질   손재주 |

1) 친구가 (   )이/가 얼마나 좋은지 간단한 여름 원피스는 금방 만들어 입더라고요.

2) 이분은 연극배우 출신인데 노래며 작곡에 춤까지 못하는 게 없는 그야말로 (   )입니다.

3) 아이가 어디에 (   )이/가 있는지 살피고 그 (   )을/를 발휘할 수 있도록 해 주세요.

4) 마이클은 (   )이/가 좋아서 친구들 연애편지를 대신 써 달라는 부탁을 많이 받았대요.

2. 다음 상황을 읽고 알맞은 말을 쓰십시오.

| 안목이 없다   안목이 뛰어나다   안목을 기르다   생계를 유지하다   생계가 막막하다 |

1) 어떤 물건을 보고 그 값어치가 얼마나 되는지 판단을 잘 하지 못한다.   (   )

2) 화재로 하루아침에 빈털터리가 되어 당장 내일부터 먹고 살 방법이 없다.   (   )

3. 알맞은 단어를 골라 쓰십시오.

| 무작정   아무렇게나   엄청 |

1) 처음 한국에 왔을 때 거리에 음식점이 (   ) 많은 걸 보고 진짜 놀랐어요.

2) 물건들이 (   ) 놓여 있는 것 같지만 나름대로 신경 써서 배열한 거랍니다.

3) 시골 생활이 따분하고 지루해서 (   ) 서울로 왔어요.

4. 동사 '갖추다'를 써서 질문에 대답하십시오.

1) 겨울 산행을 하려면 어떤 장비를 갖추어야 하나요?

2) '리더'가 될 사람은 어떤 자질이나 조건을 갖추어야 한다고 생각합니까?

-에도 불구하고

5. 알맞은 것끼리 연결하고 문장을 완성하십시오.

보기 주민들의 반대	•	• 가게 문을 닫지 못하고 있다.
1) 오늘 안건이 매우 중요한 일이다 •		• 경쟁이 심해서 그런지 불합격했다.
2) 계속 수익이 나지 않는다 •		• 회사 간부들이 회의에 불참한 것은 이해할 수 없는 일입니다.
3) 필요한 조건을 갖추었다 •		• 인근에 공장 건설이 진행되고 있습니다.
4) 국민들의 비난 여론 •		• 정부는 정책을 바꾸지 않았습니다.

보기 주민들의 반대에도 불구하고 인근에 공장 건설이 진행되고 있습니다.

1) _____
2) _____
3) _____
4) _____

6. 대화를 완성하십시오.

1) 가 : 지난번 가셨던 일은 결과가 어떻게 되었습니까?

　나 : 최선을 다했음에도 불구하고 _____

2) 가 : 저에게 한 번만 더 기회를 주시면 잘할 수 있는데.

　나 : 이미 여러 번 기회를 _____

3) 가 : 내년에 김 선배가 동창회 회장을 할 줄 알았는데 좀 의외네요.

　나 : 주변의 권유 _____

4) 가 : 오늘 연극에 나온 주인공 배우의 나이가 여든 살이래요.

　나 : _____ 연극 무대에 선다는 게 믿어지지가 않네요.

5) 가 : 어제 비가 많이 왔는데도 축구 경기를 했다고요?

　나 : 네, _____ 선수들이 좋은 경기를 펼쳤습니다.

-(으)로 인해

7. 다음을 연결하여 한 문장으로 만드십시오.

1) 이번 태풍 / 전국적으로 큰 피해가 발생했습니다.
   → _____

2) 지구 온난화 / 북극과 남극의 얼음이 녹으면서 해수면이 상승합니다.
   → _____

3) 현지 사정 / 여행 일정이 변경될 수 있습니다.
   → _____

4) 본인의 과실 / 사고에 대해서는 저희가 책임지지 않습니다.
   → _____

5) 안전벨트 미착용 / 인명 피해가 생길 수 있으니까 꼭 착용하세요.
   → _____

8. 대화를 읽고 보기와 같이 '원인과 결과'로 문장을 만드십시오.

> **보기** 가 : 금년도 무역 적자가 크게 증가한 원인을 말해 주세요.
> 나 : 아무래도 환율 변동이 그 원인이라고 할 수 있어요.
> → 환율 변동으로 인해 무역 적자가 크게 증가하였다.

1) 가 : 대기 오염이 심각한 수준에 이르렀다는데 가장 큰 원인이 뭐예요?
   나 : 자동차 배기가스가 주범이 아닐까요?
   → _____

2) 가 : 소아 비만과 당뇨가 늘고 있다는 보도 보셨죠?
   나 : 패스트푸드 중심의 식생활과 운동 부족이 문제라고 생각합니다.
   → _____

3) 가 : 지난번 폭우 때 자동차가 물에 잠겼는데 보험사에서 안 고쳐 준대.
   나 : 피해가 아무리 커도 자연재해가 원인일 때는 보상이 안 돼.
   → _____

4) 가 : 요즘 소비자들의 신용 카드 사용이 많이 늘어나고 있다지요?
   나 : 너무 많이 사용해서 가정 경제에 큰 부담이 되고 있는 상황입니다.
   → _____

제12과 -다고   -더니

어휘와 표현

1. 다음을 연결하여 하나의 문장으로 만드십시오.

1) 사업에 실패하다 / 집안에 틀어박히다 / 괴롭다 / 시간을 보내다

→ _____

2) 증가하다 / 범죄 사건 / 대처하다 / 경찰 수 / 늘리다

→ _____

3) 신제품 / 잦다 / 고장 / 소비자들 / 불만이 늘다

→ _____

4) 집을 나가다 / 강아지 / 찾아 헤매다 / 지치다 / 돌아오다

→ _____

5) 그는 정치인 / 국가의 위기 / 지혜롭다 / 극복하다

→ _____

2. 다음 이야기를 읽고 '눈치'와 관련된 표현을 골라 알맞게 쓰십시오.

| 눈치껏   눈치를 보다   눈치가 보이다   눈치를 채다   눈치가 없다   눈치가 빠르다 |

'눈치'란 다른 사람의 마음이나 생각을 그때그때 알아내는 것을 말한다.
직장에서 아랫사람이 어느 정도 윗사람의 1) (_____)(으)ㄴ/는 건 당연하다. 물론 어떤 경우는 윗사람이 아랫사람의 2) (_____)(으)ㄴ/는 경우도 있지만 말이다. 사회생활에서뿐만 아니라 친구나 가족 간에도 3) (_____)(으)ㄴ/는 사람은 환영받지 못한다. 4) (_____)(으)ㄴ/는 사람은 상대가 지금 무슨 생각을 하는지 왜 기분이 별로 안 좋은지 금방 알아차린다.
얼마 전 우리 회사에서 사내 연애를 한 커플이 결혼을 발표할 때까지 아무도 5) (_____)지 못했다. 그들에게 물어보니 주위 사람들의 6) (_____)아/어서 회사 안에서는 눈도 마주치지 않았단다. 아무튼 2년간 7) (_____) 사내 연애를 계속한 그들이 정말 대단하다.

3. 직장에서 회식이 필요하다고 생각합니까? 바람직한 회식 문화에 대한 생각을 써 보십시오.

-다고

4. '윤아'가 말한 내용을 가지고 대답을 만드십시오.

> **보기** 윤아 "저는 오늘 약속이 있어서 먼저 가겠습니다."
> 가 : 윤아는 먼저 퇴근했나 보네.　　　　나 : 조금 전에 <u>약속 있다고 나가던데요.</u>

1) 윤아 "이거 내 책인데요. 가져갈게요."

　가 : 여기 있던 책 혹시 못 봤어요?　　　　나 : 윤아가 _____

2) 윤아 "아유, 더워라. 에어컨 좀 켜야지."

　가 : 누가 에어컨을 켜 놓았어요?　　　　나 : 윤아가 _____

3) 윤아 "지훈이가 생선을 안 먹으니까 모임 장소를 삼겹살집으로 하자."

　가 : 모임 장소를 오랜만에 삼겹살집으로 했네요.
　나 : 윤아가 _____

5. 아래의 이유를 사용하여 학교에서 일어나는 일들에 대해 쓰십시오.

| 장난을 많이 친다　　수업 시간에 과자를 먹는다　　떠든다　　숙제를 잘했다　　친구를 잘 도와준다 |

1) 선생님이 _____ 칭찬해 주셨어요.

2) 선생님이 _____ 야단치셨어요.

| 몸이 안 좋다　　할머니가 돌아가셨다　　가족 여행을 가야 한다　　가야 할 데가 있다 |

3) 친구가 _____ 결석했어요.

4) 친구가 _____ 일찍 집에 갔어요.

6. 문장을 완성하십시오.

1) 아직도 직장에서 _____ 차별을 하는 경우가 있나요?

2) 다른 사람들이 다 좋아하는데 자기만 _____ 안 갈 수는 없죠.

3) 상여금이란 회사에서 _____ 주는 돈이에요.

4) _____ 바로 일을 그만두는 건 바람직하지 않아요.

-더니

7. 보기와 같이 연결하여 문장을 만드십시오.

	이전의 사실	지금 상황
보기	조카가 어릴 때는 그렇게 말이 없었다	어떻게 아나운서가 되었는지 모르겠어요.
1)	동생이 전에는 안 그랬다	요즘은 술도 마시고 친구들과 늦게까지 어울려요.
2)	룸메이트가 요즘 집에 매일같이 늦게 들어왔다	오늘은 아예 안 들어온다고 하는 거 있죠?
3)	딸이 요리를 굳이 자기 혼자 하겠다고 했다	망쳐 버렸어요.

> 보기 조카가 어릴 때는 그렇게 말이 없더니 어떻게 아나운서가 되었는지 모르겠어요.

1) _____
2) _____
3) _____

8. 문장을 완성하십시오.

1) 아침에 그렇게 흐리더니 _____

2) 친구가 시험에 한 번 실패하고 나더니 _____

3) 상반기 내내 가게에 손님이 줄더니 _____

4) 아이가 감기인지 밤새 울더니 _____

5) 귀국해서 바로 연락한다고 하더니 _____

9. 대화를 완성하십시오.

1) 가 : 갑자기 속이 답답하고 머리도 아프고 이상하네. (아까 밥을 급하게 먹다 / 체한 거 아니야?)

   나 : _____

2) 가 : 골치 아프던 문제가 드디어 해결됐어. (해결이 안 될 것 같다고 하다 / 어떻게 해결된 거야?)

   나 : _____

3) 가 : 너무 무리했는지 몸살이 난 것 같아. (내가 무리하지 말라고 해도 말을 안 듣다 / 몸살이 났구나.)

   나 : _____

복습 제7과~제12과

1. 다음 부사 중에서 알맞은 것을 골라 넣으십시오.

> 비록   싹   아무렇게나   아예   절대로   제법   쭉   하긴

1) (   ) 어려움이 있을지라도 포기해서는 안 됩니다.

2) (   ) 이야기를 들어 보니까 네가 그렇게 생각하는 것도 무리가 아니구나.

3) 내가 학생들에게 좀 쉬라고 하니까 (   ) 책상에 엎드려서 잠을 자는 애들도 있었다.

4) 건물 벽에 그려진 낙서를 (   ) 깨끗하게 지우고 다시 그림을 그리자.

5) 강 선생님은 이전부터 (   ) 학생들의 체육 활동의 중요성을 강조했습니다.

6) 은우는 또래보다 (   ) 어른스러운 생각과 태도를 보였습니다.

7) 그런 일은 (   ) 없을 테니 마음 놓으세요.

8) 꽃을 (   ) 꽂았는데도 그런대로 멋있네요.

2. 밑줄 친 단어와 반대되는 단어를 골라 알맞게 쓰십시오.

> 막막하다   쓸모없다   지혜롭다   탄탄하다   퇴보하다   화려하다

1) 선수는 어떤 코치를 만나서 어떤 훈련을 하느냐에 따라서 기량이 발전할 수도 있고 (   )(으)ㄹ 수도 있다.

2) 어떤 결정을 서둘러 내리다 보면 어리석은 결정을 하게 될 수 있으므로 중요한 결정을 할 때는 꼼꼼히 살피고 (   )게 판단해야 할 것이다.

3) 한때 우리 생활에 요긴하게 쓰이던 것들이 새로운 제품이 나옴으로써 (   )아/어지는 것들이 있다.

4) 경영 및 재정 상태가 아주 부실했던 회사가 새로 바뀐 경영주의 노력으로 이제는 (   )(으)ㄴ/는 기업으로 변화되었다.

5) 유명 모델인 강혜진 씨는 직업상 (   )(으)ㄴ/는 옷차림을 해야 할 때가 많지만 실제 성격이나 생활은 아주 수수하고 검소하다고 합니다.

6) 동생이 갑자기 회사를 그만두게 되었을 때에는 확실하고 구체적인 계획조차 없는 (   )(으)ㄴ/는 상태였지만 정신을 차리고 새 사업을 시작하였다.

3. 다음은 '해님과 달님'이라는 전래동화의 일부입니다. 밑줄 친 두 문장을 '-더니'로 연결하여 한 문장으로 쓰십시오.

> 옛날에 산골 마을에 어머니와 아들과 딸이 살고 있었습니다. 하루는 어머니가 1) <u>이웃 마을로 일을 하러 가셨습니다. 밤이 되어도 돌아오시지 않았습니다.</u> 사실 어머니는 밤늦게 돌아오시다가 호랑이를 만났습니다. 2) <u>호랑이가 어머니를 잡아먹었습니다. 아이들까지 해치려고 집으로 찾아왔습니다.</u> 그러더니 문 밖에서 어머니 흉내를 냈습니다. 그러니까 3) <u>처음에는 아이들이 속지 않았습니다. 나중에는 문을 열어 주었습니다.</u> 그래서 호랑이가 방안으로 들어와 아이들에게 덤볐습니다. 아이들은 뒷문으로 도망가서 밧줄을 타고 하늘로 올라가 해와 달이 되었다고 합니다.

1) _____
2) _____
3) _____

4. 다음 연결어를 사용하여 두 문장을 연결하여 쓰십시오.

> -다고   -아/어서는   -에도 불구하고   -(으)ㄴ/는 이상   -(으)ㄹ지라도   -(으)로 인해

1) 혼자 사는 가구가 증가합니다. 작은 평수의 오피스텔 수요가 늘고 있습니다.
   → _____

2) 북한과 경제 협력을 하게 되면 어려움이 많습니다. 포기해선 안 됩니다.
   → _____

3) 금년에는 자금과 인력이 부족했습니다. 전 직원이 힘을 합쳐 좋은 성과를 냈습니다.
   → _____

4) 제가 중국어를 잘합니다. 사장님이 중국 업체와의 연락 업무를 맡겼습니다.
   → _____

5) 경기가 끝났습니다. 승패에 대해 너무 생각하지 마세요.
   → _____

6) 지금까지의 생활 패턴을 고집합니다. 환경 오염을 줄일 수 없습니다.
   → _____

제13과 -고도   어디 -뿐이겠어요?

어휘와 표현

1. 밑줄 친 부분과 바꿔 쓸 수 있는 말을 골라 알맞게 쓰십시오.

> 무단횡단하다   과속하다   범칙금   음주운전   제한속도   추월하다

1) (터널 안에서) 앞 차가 너무 천천히 가는 것 같은데 터널 지나면 저 차 앞으로 갑시다.

2) 달리는 차가 없다고 해도 아무 데서나 길을 막 건너면 어떡해요?

3) 도로마다 정해진 속도가 있으니까 그 속도대로 가면 돼요.

4) 한국이 다른 나라에 비해서 교통법규를 위반하면 내는 벌금이 어떤가요?

5) 모임이 많은 연말에는 특히 술 마시고 운전하는 것을 조심해야 해요.

6) 저기 80km라고 쓰여 있는데 너무 속도를 내지 마라.

2. 알맞은 표현을 골라 넣으십시오.

> 맛을 내다   범칙금을 내다   소문을 내다   성적을 내다   모양을 내다   흉내를 내다

1) 얼마 전 고속도로에서 과속하다가 단속카메라에 찍혀서 (   )어야 했다.

2) 사람들의 기대에 부응하려면 이번 시험에서 좋은 (   )어야 할 텐데 어깨가 무겁습니다.

3) 누가 (   )었는지 모르지만 회사 안에 두 사람이 사귄다는 것을 모르는 사람이 없을 정도입니다.

4) 요리 프로그램에서 하는 것을 보고 김치를 담가 봤는데 제대로 (   )기가 쉽지 않은 것 같아요.

5) 아이들은 간혹 어른들이 하는 행동이나 말을 그대로 (   )어서 따라 할 때가 있다.

6) 미영 씨가 오늘은 왠지 잔뜩 (   )고 출근했네요.

-고도

3. 알맞은 말을 골라서 문장을 완성하십시오.

> 담배를 끊으라는 말을 듣다   서류를 옆에 두다   대학을 졸업하다
> 잘못된 행동을 하다   도와주다   무대에서 창피를 당하다

1) _____ 한참 동안 못 찾았어요.

2) _____ 취직이 안 돼서 문제입니다.

3) _____ 계속 담배를 피워요.

4) _____ 또 오디션을 보겠다고?

5) _____ 부끄러운 것을 모르는 사람들이 있어요.

6) _____ 고맙다는 소리도 못 들었어요.

4. 보기와 같이 대화를 완성하십시오.

> 보기 가 : 하루 종일 잔 것 같은데 아직도 졸린 것 같아요.
> 　　　나 : 하루 종일 자고도 아직도 졸린단 말이에요?

1) 가 : 어제랑 그제도 갔는데 그 식당 이름이 뭐더라? 기억이 안 나네.

　　나 : _____

2) 가 : 지현이가 음식을 얼마나 많이 준비했는지 10명이 실컷 먹었는데도 남았어.

　　나 : _____

3) 가 : 지난번에 사고 때 다친 데가 나았으니까 다시 오토바이를 타려고 해.

　　나 : _____

4) 가 : 엄마, 한 시간 게임했는데 10분만 더 하게 해 주시면 안 돼요?

　　나 : _____

어디 -뿐이겠어요?

5. 다음 상황에서 보기와 같이 대화를 완성하십시오.

> 보기 토요일에 교통이 너무 막힌다고 친구가 투덜거릴 때
> 가 : 오늘 여기 왜 이렇게 막히는 거야?
> 나 : 어디 여기뿐이겠어? 토요일은 어디든 다 막히니까 좀 참아라.

1) 스마트폰 사용으로 여러 가지 문제가 생겼을 때
   가 : 스마트폰 때문에 눈이 나빠지는 것 같아.
   나 : _____? 나는 목도 아프고 스마트폰 때문에 아무것도 못해.

2) 외모도 훌륭하고 성격도 좋고 일도 잘하는 사람을 칭찬할 때
   가 : 정애 씨는 정말 성격이 좋더라.
   나 : _____? 어디 한 군데 빠지는 데가 없어.

3) 서울 관광에 대해 이야기할 때
   가 : 남대문 시장에 가면 재미있는 구경거리가 많겠지요?
   나 : 어디 남대문 시장뿐이겠어요? _____

4) 결혼할 커플이 결혼 준비에 대해 의논할 때
   가 : 전자 제품도 살 게 되게 많네.
   나 : _____?

6. 보기와 같이 대화를 완성하십시오.

> 보기 가 : 옛날과 비교해 보면 식생활이 많이 변했죠? (주생활, 의생활)
> 나 : 어디 식생활뿐이겠어요? 주생활, 의생활 변하지 않은 게 없어요.
> 　　어디 식생활뿐이겠어요? 주생활, 의생활 다 변했어요.

1) 가 : 어제 많이 걸으셔서 다리가 아프지 않으세요? (온몸)
   나 : _____

2) 가 : 김치로 김치볶음밥을 만들면 너무 맛있어요. (김치전, 김치찌개)
   나 : _____

3) 가 : 한국어 발음이 어렵죠? (문법, 단어 외우기)
   나 : _____

4) 가 : 회사 사정이 안 좋으니까 회의할 때 분위기가 안 좋아요. (계속)
   나 : _____

제14과 -았/었더니   -다고 해서

어휘와 표현

1. 밑줄 친 부분과 바꿔 쓸 수 있는 말을 골라 쓰십시오.

> 기발하다   딱딱하다   신뢰를 깨뜨리다   죄의식이 없어지다

1) 약속을 어기는 것은 <u>서로 믿지 못하게 만드는</u> 행동입니다.

2) 좀 부드럽게 말하면 안 돼? <u>원칙대로 감정 없이</u> 말하니까 조금 무섭잖아.

3) 나쁜 짓을 자주 하다 보니 <u>그게 나쁘다는 생각도 안 하게 된</u> 것 같아요.

4) 광고 일을 하려면 <u>보통 사람들이 생각하기 어려운 창의적인</u> 아이디어가 있어야 해.

2. 알맞은 말을 골라 쓰십시오.

> 속다   속이다   숨다   숨기다

1) 아토피 피부에 정말 효과가 있다는 광고를 믿고 건강 보조 식품을 샀는데 오히려 더 나빠졌다. 소비자를 (   )고 이런 물건을 파는 사람들도 나쁜 사람이지만 순진하게 (   )아/어서 그런 물건을 산 나 자신에게도 화가 났다.

2) 그 영화에서는 경찰에게 쫓기는 사람이 성당으로 들어가서 (   )았/었는데 신부님이 (   )아/어 주지 않고 신고를 했다.

3. '선의의 거짓말'이란 어떤 뜻인가요? 또 솔직하게 이야기하는 것이 항상 좋은 것일까요? 자신의 경험이나 생각을 써 보십시오.

-았/었더니

4. 보기와 같이 문장을 만드십시오.

> 보기 10년 만에 고향에 가 봤다 / 몰라보게 변했더라.
> 옛날 그대로더라.
> → 10년 만에 고향에 가 봤더니 몰라보게 변했더라.
> 10년 만에 고향에 가 봤더니 옛날 그대로더라.

1) 몸살기가 있어서 약을 먹고 잤다 / 오늘은 좀 나은 것 같다.
   지금 못 일어나겠다.

   → _____

2) 황 팀장에게 새 프로젝트를 맡으라고 했다 / 아무 말도 없던데요.
   좋아하는 눈치던데요.

   → _____

3) 어제 크리스한테 문자를 보냈다 / 10분도 안 돼 답장이 오더라.
   3시간이 지나서야 연락이 오는 거야.

   → _____

5. 대화를 완성하십시오.

1) 가 : 속이 안 좋아요? 왜 식사를 조금밖에 안 해요? (어제 술을 많이 마셨다)
   나 : _____

2) 가 : 한국에 가겠다고 했을 때 가족들이 뭐라고 하던가요?
   나 : _____

3) 가 : 친구한테 부탁한다고 하더니 어떻게 됐어요?
   나 : _____

4) 가 : 다음 달에 모임에서 여행 가기로 한 거 여행사에 알아봤어?
   나 : _____

5) 가 : 잡채가 아까보다 더 맛있어진 거 같은데 뭘 넣었어요?
   나 : _____

-다고 해서

6. 보기와 같이 문장을 만드십시오.

> 보기 노랗다 / 모두 금은 아니에요.
> → 노랗다고 해서 모두 금은 아니에요.

1) 쌍둥이이다 / 다 똑같이 생기지는 않았어요.

   → _____

2) 한국 사람이다 / 한국에 대해 잘 아는 것은 아니에요.

   → _____

3) 키가 크다 / 다 농구를 잘하는 것은 아니에요.

   → _____

4) 말을 안 하다 / 불만이 없는 건 아니에요.

   → _____

7. 대화를 완성하십시오.

1) 가 : TV 광고에 많이 나오니까 제품의 질은 틀림없을 거야.

   나 : _____

2) 가 : 형제 없이 혼자 자랐으면 자기만 생각하는 이기주의자 아닐까?

   나 : _____

3) 가 : 살을 빼야 하니까 오늘부터 굶어야지.

   나 : _____

4) 가 : 한국 사람들은 다 매운 음식을 좋아하는 줄 알았어요.

   나 : _____

5) 가 : 넌 얼굴도 잘생기지 않았으면서 무슨 배우가 된다고 그러니?

   나 : _____

6) 가 : 솔직하게 말을 하면 상대방도 이해해 주지 않을까?

   나 : _____

제15과 -고 보니까   -기 틀렸다

어휘와 표현

1. 밑줄 친 부분과 바꿔 쓸 수 있는 말을 골라 알맞게 쓰십시오.

| 결제하다   배상하다   저렴하다   지연되다   폐쇄되다 |

1) 인터넷으로 물건을 구입하고 물건 값은 신용카드로 <u>지불했어요</u>.

2) 그 회사가 망하고 나서 그 회사 사이트도 <u>없어졌어요</u>.

3) 여러 사람이 공동 구매를 하면 조금 더 <u>싸게</u> 구입할 수 있습니다.

4) 공항 주변에 강풍이 불고 있어서 이륙 시간이 30분 <u>늦어진대요</u>.

5) 손해를 입힌 사람들은 손해를 입은 사람에게 <u>갚아야</u> 한다.

2. 다음은 온라인 쇼핑과 관련이 있는 말입니다. 알맞은 단어를 골라 쓰십시오.

| 회원 가입   장바구니   사용 후기   개인 정보   무이자 할부   환불 규정 |

내가 요즘 집안 꾸미기에 관심이 많은데 우연히 예쁜 인테리어 소품을 많이 파는 사이트를 발견했다. 마침 1주년 기념으로 회원에게는 할인도 많이 해 준다고 해서 1) (   )을/를 했다. 먼저 주소, 전화번호 등 2) (   )을/를 입력하고 구매시 주의 사항도 읽어보고 3) (   )도 꼼꼼히 살폈다. 그리고 물건을 봤는데 마음에 드는 물건이 있어 4) (   )에 담아 놓고 좀 더 검색했다. 역시 그게 제일 나은 것 같아 사기로 하고 먼저 산 사람들의 5) (   )을/를 읽어 봤는데 대체로 좋다는 평이었다. 결제는 삼 개월 6) (   )이/가 된다고 해서 카드로 결제를 했다. 결제를 하고 나니 벌써 택배 아저씨가 기다려진다.

3. 빈칸에 알맞은 단어를 골라 쓰십시오.

| 당하다   맞다   사기꾼   치다   훔치다 |

1) 사기를 (   ) - 사기를 당하다 - (   )

2) 물건을 (   ) - 도둑(   ) - 도둑

3) 소매치기를 하다 - 소매치기를 (   ) - 소매치기

제15과 아무래도 사기를 당한 것 같아요 55

-고 보니까

4. 문장을 완성하십시오.

1) 학교를 졸업하고 보니 _____

2) 아파서 고생을 하고 보니 _____

3) 그 사람 사정을 듣고 보니 _____

4) 친한 친구에게 사기를 당하고 보니 _____

5) 인터넷으로 주문한 물건을 받고 보니 _____

5. 대화를 완성하십시오.

1) 가 : 모두들 15일이 좋다고 해서 정한 건데 왜 모임 날짜를 바꿨어?
   나 : _____ 출장 날짜와 겹쳐서 바꿨어요.

2) 가 : 편지랑 사진이랑 같이 우편으로 다 보냈죠?
   나 : 실은 _____ 사진을 안 넣었더라고요. 그래서 사진만 다시 보냈어요.

3) 가 : 너 지금 무슨 말을 하고 있는 거야? 우리 편에 서서 말해야 할 사람이 상대편에게 유리한 말을 하면 어떻게 해?
   나 : 그런 의도는 없었는데 _____ 그렇더라고요.

4) 가 : 신용 카드를 잃어버렸다더니 찾았다고요? 분실 신고도 했잖아요.
   나 : _____ 가방 안에 있는 거예요.

5) 가 : 아까 김준일 씨하고 무슨 얘기를 그렇게 했어? 처음 만났잖아?
   나 : 알고 보니 _____

6) 가 : 오늘 저녁에 소개팅 하기로 했어요.
   나 : 그러고 보니 _____

7) 가 : 김 과장님은 왜 교외로 이사를 하셨는지 모르겠어요. 불편할 텐데.
   나 : 아이 건강이 안 좋아서 공기가 좋은 곳으로 이사를 하신 거래요.
   가 : 듣고 보니 _____

-기 틀렸다

6. 다음 상황에 알맞은 문장을 만드십시오.

1) (내일이 시험인데 감기가 심해져서 도저히 공부를 할 수가 없다.)

_____

2) (다이어트를 하려고 결심했는데 연말이라 날마다 식사 약속이 있다.)

_____

3) (바닷가에 놀러 가서 맛있게 회를 먹으려고 했는데 배탈이 나 버렸다.)

_____

4) (체육대회를 하기로 한 날인데 아침부터 비가 많이 오고 있다.)

_____

5) (자려고 했는데 꼭 보고 싶은 축구 경기를 새벽 1시부터 한다고 한다.)

_____

7. 대화를 완성하십시오.

1) 가 : 이번 시합에서 우리 팀이 이길 수 있을까요?

　나 : 상대팀이 우승 후보라는데 _____

2) 가 : 그 친구에게 마음을 바꾸라고 얘기해 보셨어요?

　나 : 고집이 여간 센 게 아니어서 _____

3) 가 : 이번 연말 보너스를 받을 수 있을까요?

　나 : 회사 사정이 안 좋다는데 _____

4) 가 : 지은이가 이번 시험에 합격해야 할 텐데 어떨 것 같아요?

　나 : 공부를 안 해서 _____

5) 가 : 오늘까지 이 일을 다 끝내야 하는데 될까요?

　나 : 컴퓨터까지 고장 나서 _____

제16과 -는 법이 어디 있어요?   -만 못하다

어휘와 표현

1. 알맞은 단어를 골라 쓰십시오.

> 걸리다   괜한   못마땅하다   어엿하다   아무렇지 않다

1) 가 : 지훈이는 자기가 하는 일을 너랑 같이 하고 싶어 하던데 넌 어때?

　　나 : 고맙긴 한데 거절했어. 섭섭해하지 않을까 좀 마음에 (　　　　　).

2) 가 : 늘 애기 같더니 언제 이렇게 컸어? 몰라보겠다.

　　나 : 애기라니요, 저도 이제 (　　　　　)(으)ㄴ/는 대학생이에요.

3) 가 : 저 사람들은 죄를 짓고도 죄책감이 전혀 없나 봐.

　　나 : 그러게. 어떻게 저렇게 (　　　　　)(으)ㄴ/는 듯 태연한 표정을 지을까?

4) 가 : 막내 동생이 어려서 외국 생활을 잘할까 걱정스러워.

　　나 : 잘 지내고 있을 테니까 (　　　　) 걱정하지 마.

5) 가 : 새로 들어온 직원의 행동이 (　　　　)아/어서 죽겠어요.

　　나 : 뭐가 마음에 안 들어서 그러는데?

2. 알맞은 단어를 골라 쓰십시오.

> 형편없다   형편이 어렵다   형편없이

1) 가 : 장학금은 성적이 우수한 학생들에게 주나요?

　　나 : 이번 장학금은 (　　　　　)(으)ㄴ/는 학생들에게 우선적으로 지급될 예정입니다.

2) 가 : 방송에서 맛집이라고 해서 찾아갔는데 음식 맛이 (　　　　　).

　　나 : 맛집이라고 해서 다 맛있는 게 아닌가 봐.

3) 가 : 이 동네 집값이 작년에 비해 1억 이상 떨어졌다면서요?

　　나 : 그러게요. 갑자기 (　　　　) 떨어진 이유가 뭔지 모르겠어요.

-는 법이 어디 있어요?

3. 대화를 완성하십시오.

1) 가 : 부부싸움에서 남자가 먼저 사과해야 한다고 생각해요.

   나 : _____

2) 가(엄마) : 고3이 12시 전에 잠을 자는 게 말이 되니?

   나(아이) : _____

3) 가 : 지난번에 우리가 같이 일하기로 계약을 했는데 사정이 생겨서 취소해야 할 거 같아요. 양해해 주시기 바랍니다.

   나 : _____

4) 가(집주인) : 다음 달부터 월세를 10% 올려 받기로 했어요.

   나(세입자) : _____

4. 다음 문제에 대해 보기 와 같이 의견이 다른 두 사람의 대화를 만들어 보십시오.

> **보기** 여러 명의 자식 중에서 장남이 부모의 유산을 많이 가지는 것에 대해
> 가 : 장남은 책임이 많이 있기 때문에 유산을 많이 가지는 게 당연해요.
> 나 : 그런 법이 어디 있어요? 장남이 많이 가지라는 법이 어디 있어요?

1) 남자아이한테 분홍색 인형을 사 주는 것에 대해

   가 : _____

   나 : _____

2) 결혼 상대자와 나이 차이가 10살 이상 나는 것에 대해

   가 : _____

   나 : _____

3) 되도록이면 오른손을 사용하는 것이 편하다는 생각에 대해

   가 : _____

   나 : _____

-만 못하다

5. 대화를 완성하십시오.

1) 가 : 다들 어렵다고 하는데 사장님 가게는 여전히 잘 되시죠? (한창 경기 좋을 때)

　　나 : 그래도 _____

2) 가 : 카레에 돼지고기를 넣어 봤는데 어때요? (소고기를 넣은 것)

　　나 : 내 입맛에는 _____

3) 가 : 할아버지, 이 호텔 침대가 굉장히 편하고 좋지 않아요? (온돌)

　　나 : 침대가 익숙하지 않아 그런지 _____

4) 가 : 형제가 바이올린을 한다던데 동생이 형보다 잘하지 않아요?

　　나 : 아니요, _____

6. 두 가지를 비교하여 써 보십시오.

1) (중학교 때 성적 / 고등학교 때 성적) _____

2) (지금 직장 / 전에 다니던 직장) _____

3) (백화점 물건 / 시장 물건) _____

4) (기계로 만든 것 / 손으로 만든 것) _____

7. 다음 문장과 비슷한 의미가 되도록 바꾸어 쓰십시오.

1) 밖에서 사 먹는 음식이 맛있는 것 같지만 집에서 해 먹는 음식에 비하면 좋을 게 없는 듯하다.

　→ _____

2) 건강이 많이 회복됐지만 젊을 때에 비하면 안 좋다.

　→ _____

3) 아빠가 해 준 음식을 엄마가 해 준 것과 비교할 수는 없지만 그래도 먹을 만하다.

　→ _____

4) 처음으로 눈 화장을 해 봤는데 부자연스럽고 이상해서 지워야겠다.

　→ _____

제17과 -다고 해도 과언이 아니다   -을/를 비롯해서   -만 해도

어휘와 표현

1. '괴짜'와 '덕후'가 어떤 사람을 의미하는지 설명해 보십시오.

2. 알맞은 말을 골라 쓰십시오.

| 녹다 | 녹이다 | 몰두하다 | 벗어나다 | 제치다 | 희한하다 |

1) 가 : 요즘은 개성을 발휘해야 인정받는 시대니까 조금 튀는 게 매력이야.
   나 : 그래도 상식에서 (　　　)거나 지나친 행동은 좋지 않아.

2) 가 : 서 박사는 요사이 신약 개발 연구에만 (　　　)고 있다던데.
   나 : 그렇게 한 가지 일에 (　　　)다 보면 뭔가 좋은 결과가 있겠지.

3) 가 : 어제 꿈에서 네가 우리 아버지가 되고 엄마가 내 동생이고, 이상했어.
   나 : 형은 별 (　　　)(으)ㄴ/는 꿈을 다 꾸었네. 그냥 개꿈이야.

4) 가 : 오늘 경기는 꼭 봐야 되는 거라서 말이야. 나 지금 가야 돼.
   나 : 뭐라고? 하던 일 다 (　　　)아/어 놓고 축구를 보러 가겠다고?

5) 가 : 밖에 엄청 추워. 온몸이 언 거 같아.
   나 : 여기 난로 앞에서 몸 좀 (　　　)아/어. 나도 손발이 얼었었는데 이제 좀 (　　　)았/었어.

3. 다음 단어를 사용하여 보기와 같이 문장을 만들어 보십시오.

| 별의별　　온갖 |

> 보기 사람 사는 곳에는 별의별 사람이 모이기 마련이다.
> 망해 가는 사업을 다시 일으키기 위해 온갖 노력을 다했으나 허사였다.

-다고 해도 과언이 아니다

4. ( ) 안의 표현을 사용하여 다음 문장을 비슷한 의미의 문장으로 바꿔 쓰십시오.

1) 오늘 공연에 여러 가수들이 나왔지만 '라라밴드'가 가장 많은 곡을 부르고 가장 많은 박수를 받았다. (독무대)

   → _____

2) 유아기 때의 환경이 그 사람의 성격 형성에 매우 중요한 역할을 한다. (결정하다)

   → _____

3) 오랫동안 꿈꿔 왔던 일이 드디어 이루어졌다. (평생의 소원을 성취하다)

   → _____

4) 야구 경기의 승패에 큰 영향을 미치는 것은 감독의 능력이라고 할 수 있다. (~에 달려 있다)

   → _____

5) 윤 비서가 사장 가까이에서 중요한 역할을 맡아 많이 돕고 있다. (오른팔)

   → _____

-을/를 비롯해서

5. 대화를 완성하십시오.

1) 가 : 현재 이 공장에서 생산되는 제품들을 소개해 주시겠어요? (휴대폰의 액정 / 여러 가지 부품들)

   나 : _____

2) 가 : 해외지사가 어디 어디에 있습니까? (미국 / 필리핀, 베트남 등 동남아시아의 여러 나라)

   나 : _____

3) 가 : 이번 물가 인상은 대대적인 것 같네요. 인상률도 높고요. (교통 요금 / 공공요금이 전부)

   나 : _____

4) 가 : 의료 사고 때문에 기자 회견이 열린다는데 누가 참석합니까? (수술을 담당한 의사 / 관계된 의료진 전원)

   나 : _____

-만 해도

6. 주어진 표현을 사용하여 보기 와 같이 대답을 쓰십시오.

> **보기** 가 : 이러다가 혼자 사는 가구가 더 많아지겠어. (우리 아파트 / 1인 가구, 대여섯 집)
> 나 : 우리 아파트만 해도 1인 가구가 대여섯 집은 넘는 거 같아.

1) 가 : 몇 년 사이에 감시용 CCTV가 얼마나 많이 생겼는지 몰라요. (이 근처 / 곳곳에 설치된 CCTV, 10대)

   나 : 맞아요. _____

2) 가 : 독감이 극성을 부리나 봐. 병원이 환자로 넘친다네. (우리 학교 / 결석한 아이들, 한 반에 3~4명)

   나 : _____

3) 가 : 결혼을 해도 아이를 안 낳는 부부가 점점 느는 추세라면서?
   (내 친구들 / 아이가 없어도 된다고 생각하는 사람, 많다)

   나 : _____

7. 아래에서 알맞은 표현을 골라 문장을 완성하십시오.

> 감기 한 번 안 걸릴 정도로 건강했다.
> 그 배우의 인기가 하늘을 찌를 것 같더니 이제는 알아 주는 사람이 없다.
> 이렇게 아이들까지 쓰게 될 거라고는 예상 못했다.
> 이 일대가 서울의 중심이었다.
> 몸무게가 60kg을 넘은 적이 없었다.
> 세계적인 스타가 될 줄 아무도 몰랐다.

1) 1970년대까지만 해도 _____

   1980년대까지만 해도 _____

2) 4~5년 전까지만 해도 _____

   작년까지만 해도 _____

3) 휴대폰이 처음 나왔을 때만 해도 _____

   그 가수가 처음 TV에 나왔을 때만 해도 _____

제18과 -는 한   -을/를 무릅쓰고   -아/어 버릇하다

어휘와 표현

1. 다음 단어를 사용하여 대답을 만드십시오.

1) 가 : 아이가 대학을 안 가겠다고 해도 부모가 설득해서 가게 해야죠. (억지로)

   나 : _____

2) 가 : 우리 헤어지자. 많이 생각해 봤는데 그게 좋겠어. (도대체)

   나 : _____

3) 가 : 검찰이 사건의 배후를 조사했지만 밝혀지지 않았대요. (철저히)

   나 : _____

4) 가 : 설렁탕 할 때 고기를 넣고 30분쯤 삶으면 돼요? (한참)

   나 : _____

2. 알맞은 단어를 골라서 쓰십시오.

극복하다   도대체   탐험   철저히   한계   한참

오지 1) (   )을/를 시작한 지 올해로 10년째다. 매번 2) (   ) 준비하고 준비해도 막상 떠나 보면 예기치 못한 일들이 일어나 당황하기도 하고 위험에 빠지기도 한다. 20킬로 이상 되는 배낭을 메고 3) (   )을/를 걸어 도착한 곳에 이르면, 가끔 4) (   ) 내가 지금 여기 왜 와 있나 하는 기분이 들 때가 있다. 주위에서 못말리는 사람 취급을 받기도 하고, 힘들고 위험한 일을 일부러 하는 것은 안 좋다는 충고를 받기도 하지만 나의 5) (   )을/를 시험해 보고 싶은 마음은 어쩔 수 없다. 또, 눈앞에 닥친 어려움을 하나씩 6) (   )아/어 나갈 때의 기쁨은 도전을 멈출 수 없는 이유이기도 하다.

3. '벼는 익을수록 고개를 숙인다.'라는 속담의 의미를 '겸손하다'를 써서 설명하십시오.

> -는 한

4. 다음과 같은 상황일 때 대화를 완성하십시오.

1) (윗사람들이 먼저 바뀌어야 하는데 안 고쳐지고 있다.)

   가 : 회사의 발전을 위해 분위기를 바꿀 필요가 있습니다.

   나 : _____ 회사가 발전하기 어렵지 않을까요?

2) (큰 변수가 생기면 모르지만 생기지 않을 것 같다.)

   가 : 두 후보 가운데 누가 될 것 같습니까?

   나 : _____ 이 후보가 승리하리라고 예상됩니다.

3) (달러 환율이 지금 상태로 지속될 것 같다.)

   가 : 내년도 수출 전망은 어떤가요?

   나 : _____ 무역 적자가 이어질 겁니다.

4) (밴드 멤버 중 티파니가 밴드를 나가면 모르지만 계속 있을 것 같다.)

   가 : 라라밴드가 인기 절정인데요, 앞으로 인기가 시들지 않겠지요?

   나 : _____ 인기는 당분간 유지될 거 같아요.

5) (문제가 있는 제품을 만든 회사의 공식적인 사과가 없을 것 같다.)

   가 : 소비자들의 불매 운동이 더 거세지고 있는데요.

   나 : _____ 불매 운동이 계속될 것 같아요.

5. 문장을 완성하십시오.

1) 제 능력이 닿는 한 _____

2) 젊은이들의 노력이 계속되는 한 _____

3) 자동차의 부품을 전부 교체하지 않는 한 _____

4) 지구상에 탐험할 곳이 존재하는 한 _____

5) _____ 세계 평화는 오지 않습니다.

-을/를 무릅쓰고

6. 다음 단어를 사용하여 보기와 같이 문장을 만드십시오.

> 보기 (위험 / 구하다)
> → 30대 남성이 위험을 무릅쓰고 물에 빠진 아이를 구했습니다.

1) (주위의 반대 / 사업)

→ _____

2) (실패 / 모험)

→ _____

3) (온갖 악조건 / 올림픽 메달)

→ _____

4) (추위와 비바람 / 항해)

→ _____

-아/어 버릇하다

7. 대화를 완성하십시오.

1) 가 : 공부할 때 군것질거리가 꼭 있어야 돼?

　나 : _____ 과자 같은 게 없으면 공부가 안 돼.

2) 가 : 한국말을 잘하시는데 왜 영어만 쓰고 한국말은 안 쓰세요?

　나 : _____ 한국말 쓰면 왠지 어색해요.

3) 가 : 차를 갖고 다니면서부터 배가 나오는 거 같아. 안 걸어서 그러겠지?

　나 : _____

4) 가 : 요즘 할 일이 많아서 매일 2시 넘어서 잔 거 같아.

　나 : _____ 다음 날 피곤해서 안 돼.

5) 가 : 왼쪽은 괜찮은데 오른쪽 어깨하고 팔이 아프네.

　나 : _____

복습 제13과~제18과

1. 알맞은 단어를 골라서 쓰십시오.

> 도대체   되레   어차피   억지로   철저히

1) 가 : 판매 일을 하다 보면 별의별 경우가 다 있죠?

   나 : 손님이 잘못을 해 놓고 (   ) 화를 내며 환불을 요구하거나 할 때는 좀 그래요.

2) 가 : (   ) 해야 할 일을 미룬다고 안 할 것도 아닌데. 어서 하자.

   나 : 나중에 할래. 하기 싫은 거 (   ) 하면 잘 안되더라.

3) 가 : 엄마가 그 선물이 마음에 드신대? 엄마가 좋아하는 색이 아닌데.

   나 : 응. 그러고 보니 (   ) 맘에 드는 척하신 거 같기도 해.

4) 가 : 시험에 대비하는 방법으로 뭐가 제일 중요한지 알려 주세요.

   나 : 뭐니 뭐니 해도 예습 복습을 (   ) 하는 거죠.

5) 가 : 아까 보니까 큰소리가 나던데 뭐 때문에 다툰 거예요?

   나 : 팀장이 (   ) 말이 안 되는 소리를 해서 제가 좀 언성이 높아졌어요.

2. 알맞은 것을 <u>모두</u> 고르십시오.

1) 10여 년 전(만 못해도 / 만 해도 / 이라고 해서) 공해 문제가 이렇게 심각하지 않았다.

2) 아버지 솜씨가 엄마(만은 못해도 / 만은 해도) 먹을 만했어요.

3) 기자로서 사실을 (알았다고 해서 / 알고도 / 알고 보니) 보도하지 않은 것은 잘못된 것이라고 생각합니다.

4) 내년에 집값이 오른다는 전망이네요. 조금씩 돈을 저축했는데 집값이 오른다니 집 장만하기는 다 (틀려요 / 틀렸어요 / 틀리겠어요).

5) 옛날에는 많이 먹어도 살이 안 (찌더니 / 쪘더니 / 쪘는데) 요즘은 조금만 먹어도 배가 나온다.

6) 서비스센터에 전화해서 (물어보더니 / 물어봤더니 / 물어봤으면 / 물어보니까) 수리 비용이 많이 든다고 하네요.

7) 나오미 씨가 어제 수업 시간에는 이것저것 (물어보더니 / 물어봤더니 / 물어보니까) 오늘은 아무 말이 없더라고요.

8) 어머니가 병원에 가셔서 (물어보더니 / 물어보니까 / 물어봤더니 / 물어봤는데) 의사가 정밀 검사를 해 봐야 한다고 했대요.

3. 알맞은 유형을 골라 비슷한 의미의 문장을 만드십시오.

> -기 다 틀렸다   -아/어 버릇하다   -는 한   -고도   -고 보니

1) 제 친구는 사기꾼한테 속아서 전 재산을 날렸어요. (그런데도 또 누가 그럴듯한 얘기를 하면 속아 넘어가요.) 아직도 정신을 못 차린 것 같아요.

   → _____

2) 30주년 공연을 잘 마쳤어요. '전에는 몰랐는데 제가 그동안 너무 큰 사랑을 받았구나' 하는 걸 느끼게 되네요.

   → _____

3) 화력 발전이나 자동차 배기가스 등을 줄여야 하는데 그렇지 않으면 미세먼지는 사라지지 않습니다.

   → _____

4) 옛날부터 명절 때 혼자 지냈어요. 그래서 그런지 특별히 외롭다는 생각은 들지 않아요.

   → _____

5) 어제도 야근을 했는데 공장장이 오늘 또 추가 작업을 시켜서 일찍 퇴근하기 어려울 것 같다.

   → _____

4. 알맞은 단어를 골라 쓰십시오.

> 녹다/녹이다   대접하다(받다)   속다/속이다   지연되다
> 처벌하다(받다)   환불하다(받다)

1) 불을 켜고 팬에다가 버터를 먼저 (　　　　)(으)세요. 버터가 (　　　　)(으)면 밀가루를 넣으세요.

2) 먼저 상대방을 잘 (　　　　)(으)면 상대방한테 잘 (　　　　)(으)ㄹ 수 있어요.

3) 가 : 자기 여자 친구를 지금까지 여동생이라고 (　　　　)았/었대요.

   나 : 그런 거짓말에 사람들이 (　　　　)았/었다니 진짜 어이없다.

4) 가 : 예정된 공연이 가수 사정으로 (　　　　)는 경우에는 관객에게 (　　　　)아/어 주나요?

   나 : 그럼요. 전에 나도 그런 적 있는데 바로 (　　　　)았/었어요.

5) 가 : 법을 어긴 사람이 어떤 식으로든지 (　　　　)는 건 당연해요.

   나 : 그래도 처음 잘못한 사람을 심하게 (　　　　)는 건 안 좋아요.

제19과 -(으)리라고 -느니

어휘와 표현

1. 밑줄 친 부분과 비슷한 말을 골라 쓰십시오.

> 놓치다   우려하다   적응하다   참신하다

1) 그 사람의 능력이 뛰어나다는 건 인정하지만 성격이 모가 나서 사람들과 잘 지낼 수 있을지 <u>걱정하는</u> 사람들이 많다.

2) 입사한 지 얼마 안 되었는데 일도 제법 잘하고 사람들과도 잘 어울리고 <u>새로운 상황에 잘 맞추며</u> 지내는 것 같다.

3) 그의 음악은 기존 뮤지션들에게서 볼 수 없는 <u>새로운</u> 느낌이 있다.

4) 지금까지 좋은 기회가 몇 번 있었는데 그 기회를 <u>잡지 못한</u> 것이 아쉽다.

2. 알맞은 단어를 골라 쓰십시오.

> 아깝다   아끼다

1) 용돈을 (   )어서 부모님 선물을 사 드렸어요.

2) 내가 응원하는 농구팀이 상대팀에게 1점 차로 (   )게 졌어요.

3) 이 가방은 자주 들지는 않는데 (   )는 가방이어서, 남 주기에는 조금 (   )어요.

4) 할머니가 손자를 얼마나 (   )고 사랑하시는지 몰라요.

3. 알맞은 단어를 골라 쓰십시오.

> 개성   고정관념   인재   점수   조직사회   창의력

오늘 입사 면접에서 어떤 지원자에 대해 면접관들 사이에 의견차가 있었다. 높은 1) (   )을/를 준 면접관들은 그의 참신한 감각을 높이 평가하고 그가 가진 2) (   )을/를 잘 발휘하면 회사에 꼭 필요한 3) (   )이/가 될 거라는 의견이었다. 반면 그의 튀는 면을 우려한 면접관들은 그가 4) (   )이/가 너무 강해서 여러 사람이 함께 일해야 하는 5) (   )에서 문제를 만들 거라는 의견이었다.

'이런 사람은 이럴 것이다', '회사는 이래야 한다'는 6) (   )에서 벗어나지 않으면 변화하는 시대에 적응하기 어려울 것이다.

-(으)리라고

4. 다음 상황에 맞게 문장을 완성하십시오.

1) (복권에 당첨된 사람이 예상을 못했다고 말할 때)

   _____ 생각도 못했습니다.

2) (새해에 금연을 결심한 사람이 계획을 말할 때)

   _____ 결심했습니다.

3) (지구 온난화로 북극의 얼음이 녹고 기후 변화가 예상될 때)

   _____ 생각합니다.

4) (당분간 물가가 계속 오를 거라고 예상할 때)

   _____ 전망이 됩니다.

5) (수술 환자의 상태가 좋아져서 조만간 퇴원이 가능할 때)

   _____ 생각됩니다.

5. 대화를 완성하십시오.

1) 가 : 한국에서 공부하게 되리라고 생각한 적이 있었습니까?

   나 : 아니요, _____

2) 가 : 우주여행이 가능하다고 생각하세요?

   나 : 네, _____

3) 가 : 수상을 축하드립니다. 이렇게 큰 상을 받게 되실 줄 짐작하셨나요?

   나 : 아닙니다. _____

4) 가 : 북한산을 개발할 계획이 있다던데 환경 단체가 반대하지 않을까요?

   나 : _____

5) 가 : 자신이 없는데, 제가 정말 이 일을 할 수 있다고 생각하십니까?

   나 : 그럼요, _____

-느니

6. 보기와 같이 문장을 만드십시오.

> 보기 이런 날씨에 여행을 가다 / 집에서 푹 쉬다 / 더 낫겠어요.
> → 이런 날씨에 여행을 가느니 차라리 집에서 푹 쉬는 게 더 낫겠어요.

1) 오래된 이 집을 수리하다 / 새로 짓다 / 더 쉬울 거예요.
   → _____

2) 자존심을 버리면서 일하다 / 회사를 그만두다 / 나을 것 같아요.
   → _____

3) 배부른 돼지가 되다 / 배고픈 소크라테스가 되다 / 낫겠다.
   → _____

4) 다른 사람에게 부탁하다 / 힘들어도 혼자 하다 / 더 마음 편해요.
   → _____

5) 앓다 / 죽다 / 낫다는 말은 어떤 경우에 하는 말인가요?
   → _____

7. 대화를 완성하십시오.

1) 가 : 멀어서 고생스럽긴 해도 농산물 산지에 가서 직접 사면 싸고 싱싱해요.
   나 : _____

2) 가 : 허리 재활 치료는 시간이 많이 걸린다고 해서 수술을 할까 해요.
   나 : _____

3) 가 : 고장 난 히터가 있는데 수리비가 15만 원이래요. 어떻게 할까요?
   나 : _____

4) 가 : 이 사과가 정말 1000원에 7개예요? 조금 벌레 먹었지만 정말 싸다! 이거로 사자.
   나 : _____

제20과 -아/어 대다   -기 일쑤이다

어휘와 표현

1. 밑줄 친 부분과 바꿔 쓸 수 있는 말을 골라 알맞게 쓰십시오.

> 고려하다   떼를 쓰다   오냐오냐하다   일률적이다

1) 우리 아이는 자기가 원하는 것이 있으면 <u>계속 그걸 해 달라고 하는데</u> 야단을 쳐도 소용없고 아주 힘들어요.

2) 사람마다 각기 다른 개성이나 소질을 고려하지 않고 <u>한 가지 방법으로</u> 평가하는 것은 좋지 않습니다.

3) 아이가 하나밖에 없으니까 <u>원하는 건 뭐든지 들어주면서</u> 길렀다.

4) 이사할 집을 정할 때는 위치나 가격 등 여러 가지를 잘 <u>생각해야</u> 합니다.

2. 알맞은 부사를 골라 넣으십시오.

> 도무지   차라리   툭하면

1) 신입 사원한테 이 일을 시키겠다고? (   ) 우리가 그냥 하자.

2) 그 사람을 어디서 봤는지 (   ) 생각이 안 나서 답답하다.

3) 자동차가 오래되니까 (   ) 고장이 나서 불안하고 돈도 많이 들어요.

3. 다음 의미와 비슷한 말을 골라 쓰십시오.

> 눈에 띄다   눈에 선하다   눈에 거슬리다   눈 밖에 나다   눈에 불을 켜다

1) 여럿 중에서 두드러지거나 아주 잘 보임   (   )

2) 잊히지 않고 눈앞에 생생하게 보이는 듯함   (   )

3) 몹시 욕심을 내거나 관심을 기울임   (   )

4) 모양이나 행동 등이 마음에 들지 않음   (   )

5) 신임을 잃고 미움을 받게 됨   (   )

-아/어 대다

4. 문장을 완성하십시오.

1) 학교 친구들이 자기 이름을 가지고 _____ 어서 학교에 가기 싫대요. (놀리다)

2) 옆집 개는 사람이 지나갈 때마다 얼마나 _____ 는지 몰라요. (짖다)

3) 아이가 놀러 가자고 하도 _____ 어서 롯데월드에 가기로 했어요. (조르다)

4) 그 집에 아무도 없는지 경찰이 문을 마구 _____ 어도 대답이 없어요. (두드리다)

5) 상사가 부하 직원들의 잘못만 _____ 니까 일할 기분이 안 나요. (지적하다)

6) 하루에 담배를 3갑씩 _____ 었는데 건강에 문제가 없으면 이상한 거죠. (피우다)

7) 마크는 알람시계가 바로 옆에서 _____ 는데도 계속 잠만 자고 있어요. (울리다)

5. 대화를 완성하십시오.

1) 가 : 영수 씨에게 걱정이 있어 보이던데 왜 그러는지 물어보셨어요? (술만 마시다)

   나 : 물어봤죠. 그런데 _____ 고 얘기를 안 해요.

2) 가 : 콘서트에 가서 공연은 잘 보셨어요? (옆에서 소리를 지르다)

   나 : _____ 는 바람에 공연을 잘 보지도 못했어요.

3) 가 : 아이를 그렇게 오냐오냐하면서 기르면 안 돼요. (울다 / 떼를 쓰다)

   나 : 그런 줄 알면서도 아이가 계속 _____ 고 _____ 니까 들어주게 돼요.

-기 일쑤이다

6. 다음 상황에 맞게 문장을 만드십시오.

1) (정신이 없어서 자주 약속을 잊어버릴 때)

   → _____

2) (회사 일이 많아서 자주 퇴근 시간을 넘길 때)

   → _____

3) (요즘 피곤해서 지하철에서 졸다가 자주 내릴 역을 지나칠 때)

   → _____

4) (친구가 쌍둥이인데 너무 똑같아서 자주 헷갈릴 때)

   → _____

5) (후배가 입만 열면 거짓말을 할 때)

   → _____

7. 대화를 완성하십시오.

1) 가 : 제가 보기에는 성격이 차분하시고 꼼꼼하실 것 같아요. (덜렁대서 빠뜨리거나 잃어버리다)

   나 : 아니에요. _____

2) 가 : 아랫사람이 잘못했으면 야단도 치고 주의도 주고 그러세요.
      (요즘 젊은 사원들은 조금만 마음에 안 맞아도 그만두다)

   나 : _____ 라서 조심스러워요.

3) 가 : 승준 씨는 제시간에 출근해요? (툭하면 지각하다)

   나 : 아니요, _____ 라서 상사 눈 밖에 났어요.

4) 가 : 한국말을 참 잘하시네요. (발음이 잘 안 될 때가 많고 문법도 틀리다)

   나 : 잘하기는요. _____

제21과   -나름이다   -치고

어휘와 표현

1. '상하다'와 어울리는 단어를 골라 쓰십시오.

기분   몸   속   얼굴

1) 내가 들어가니까 친구들이 하던 말을 끊고 갑자기 어색한 분위기가 돼서 (   )이 상했어요.

2) 우리 딸이 사춘기인지 너무 말을 안 듣고 비뚜로 나가는 것 같아 (   )이 상해요.

3) 며칠 앓고 났더니 (   )이 상해서 갑자기 늙어 보이는 것 같아.

4) 여자 친구가 떠났다고 그렇게 폭음하다가는 (   )이 상해요.

2. 다음과 같이 말한다면 어떤 말투로 하는 말일지 골라 쓰십시오.

짜증스러운 말투   차분한 말투   건방진 말투   냉정한 말투

1) 아휴, 왜 이렇게 더운 거야? (   )

2) 네 일은 다른 사람에게 의지하지 말고 스스로 해결하도록 해. 나는 도와줄 수 없어. (   )

3) 갑자기 일이 터졌다고 너무 당황해하지 말고 하나하나씩 해결해 나갑시다. (   )

4) 정 선배가 그걸 하겠다고요? 무리 같은데요. (   )

3. 알맞은 말을 골라서 문장을 완성하십시오.

1) (적극적, 소극적)

　입사 면접을 볼 때에는 그 회사에서 일하고 싶은 생각을 (   )으로 표현하는 사람이 (   )인 사람보다 많은 점수를 얻을 수 있다.

2) (미루다, 앞당기다)

　어차피 그날 만나는 것은 안 될 것 같으니까 다시 얘기해서 날짜를 그 전으로 (   )거나 후로 (   )어야 할 것 같습니다.

3) (망설이다, 흔들리다, 확신이 서다)

　그 사람을 사랑해서 결혼하고 싶다는 (   )ㄴ다면 다른 건 큰 문제가 아니야. 하지만 네 마음이 (   )거나 결정을 못하고 (   )고 있다면 다시 생각해 봐.

-나름이다 / -기 나름이다 / -나름대로

4. 보기와 같이 문장을 만드십시오.

> 보기 다 기능이 다르니까 사용법은 기계에 따라서 달라요.
> → 다 기능이 다르니까 사용법은 기계 나름이에요.

1) 어떤 환경에 적응할 수 있는지 없는지는 사람의 성격에 따라서 달라요.
→ _____

2) 단어나 문법을 연습하는 방법 등은 교과서에 따라서 달라요.
→ _____

> 보기 사람의 분위기는 꾸미는 것에 따라서 달라지는 것 같아요.
> → 사람의 분위기는 꾸미기 나름이에요.

3) 음식의 맛은 어떻게 요리하느냐에 따라서 달라집니다.
→ _____

4) 무슨 일이든지 어떻게 생각하느냐에 따라 달라지는 것 같아요.
→ _____

> 보기 학생들마다 한국어를 공부하는 방법을 갖고 있는 것 같아요.
> → 학생들 나름대로 한국어를 공부하는 방법을 갖고 있는 것 같아요.

5) 사람들은 모두 자기만의 걱정이 있을 거라고 생각해요.
→ _____

6) 자동차마다 각각 다른 디자인과 기능이 있습니다.
→ _____

5. 대화를 완성하십시오.

1) 가 : 요즘 휴대폰 가격이 얼마쯤 합니까?
   나 : _____

2) 가 : 나는 부장님 말을 듣고 기분 나빴는데 미영 씨는 안 그랬어요?
   나 : _____

| **-치고** |

6. 보기와 같이 비슷한 의미의 문장으로 쓰십시오.

> 보기 유럽 여행 갔을 때 묵은 호텔은 비즈니스호텔이었는데 숙박비가 하루에 5만 원이었다.
> → 유럽 여행 갔을 때 묵은 호텔은 비즈니스호텔치고 숙박비가 쌌어요.

1) 옆집 할아버지는 80세 노인이신데 굉장히 건강하시고 청년 같다.
   → _____

2) 제 친구가 테니스를 1년 배웠는데 제법 잘 친다.
   → _____

3) 삼촌이 수술을 받았는데 생각보다 얼굴이 좋아 보여서 안심했다.
   → _____

4) 3년 된 중고 자동차를 샀는데 성능이 나쁘지 않은 거 같다.
   → _____

5) 친구가 이사 간 집은 20평짜리 작은 아파트였는데 실내 구조도 좋고 꽤 넓어 보였다.
   → _____

7. 대화를 완성하십시오.

1) 가 : 이번 프로젝트 제안서를 만들어 봤는데 처음 해 본 거라서 어떨지 모르겠습니다.
   나 : 어디 봅시다. _____ 아주 잘했네.

2) 가 : 이 스웨터 어제 백화점에서 세일해서 25,000원에 샀는데 어때?
   나 : _____

3) 가 : 이 떡볶이가 안 맵다고? 나는 매운데.
   나 : _____

4) 가 : 마이클은 한국말을 혼자서 공부했다는데 문법도 정확해요?
   나 : 저도 놀랐어요. _____ 더라고요.

5) 가 : 이 아이스크림은 설탕이 적게 들어간 거라고 해서 샀는데 어때?
   나 : 진짜 그런 거 같은데, _____

제22과　-다면서요　-다가는

어휘와 표현

1. 관계있는 단어를 고른 후 문장을 만드십시오.

> 갸름하다　넓다　도톰하다　쌍꺼풀　오똑하다　진하다

1) 이마　→ _____
2) 눈썹　→ _____
3) 눈　→ _____
4) 코　→ _____
5) 입술　→ _____
6) 얼굴형　→ _____

2. 밑줄 친 부분과 바꿔 쓸 수 있는 알맞은 말을 골라 쓰십시오.

> 닮다　뚜렷하다　선남선녀　이목구비　첫인상　훤칠하다

1) 영선 씨 눈이며 얼굴형이 <u>아버지와 비슷하네요</u>.

2) 신랑신부 둘 다 <u>눈, 코, 입, 귀 생긴 모습이 분명하고</u> 키도 <u>늘씬하게 크고</u> 정말 예쁘고 훌륭한 커플입니다.

3) <u>처음 만났을 때의 느낌</u>이 오래 가니까 처음 만날 때 신경을 써야 합니다.

3. 다음 빈칸 중 부사 '딱'이 들어갈 수 있는 곳에 모두 써 넣으십시오.

1) 정말 만나고 싶지 않던 사람을 엘리베이터에서 (　　) 마주쳤다.

2) 이럴 땐 그렇게 애매하게 말하지 말고 (　　) 잘라 거절하는 게 좋아.

3) 먼저 감자를 (　　) 익을 때까지 삶아야 해요.

4) 어쩜 그렇게 안 좋은 예상은 (　　) 들어맞는지 모르겠어요.

5) 시험공부를 하다가 (　　) 십 분만 자려고 했는데 아침까지 자 버렸어요.

-다면서요

4. 주어진 상황에 맞게 보기와 같이 문장을 만드십시오.

> 보기 결혼 안 하겠다던 친구가 청첩장을 들고 왔을 때
> → 결혼 안 한다면서?

1) 나한테 일찍 오라고 한 친구가 자기는 조금 늦겠다고 할 때
   → _____

2) 회사에 불만이 없다고 하던 동료가 다른 회사로 가겠다고 할 때
   → _____

3) 음식을 조금밖에 안 차렸다고 했는데 가서 보니까 음식이 많을 때
   → _____

4) 술을 섞어서 마시면 안 좋다고 말한 친구가 소주와 맥주를 섞어 마실 때
   → _____

5) 매운 걸 못 먹는다고 했던 친구가 낙지볶음을 주문할 때
   → _____

5. 대화를 완성하십시오.

1) 가 : 이 노래가 빅뱅의 신곡이에요? (빅뱅의 팬이다)
   나 : _____

2) 가 : 휴가 때 동유럽으로 여행을 가 볼까 해. (돈이 없다)
   나 : _____

3) 가 : 그 사람 취미가 뭔지는 잘 몰라. (그 사람에 대해서 잘 알다)
   나 : _____

4) 가 : 담배 있으면 한 대만 줘 봐. (담배 끊었다)
   나 : _____

5) 가 : 나 현수랑 여행 가기로 했어. (현수랑 싸워서 안 만나다)
   나 : _____

-다가는

6. 보기와 같이 문장을 만드십시오.

> 보기 그렇게 생각 없이 살다 / 나중에 후회할 날이 있을 거야.
> → 그렇게 생각 없이 살다가는 나중에 후회할 날이 있을 거야.

1) 사람의 겉모습만 보다 / 진짜 중요한 건 못 볼 수가 있어요.

    → _____

2) 그렇게 자기중심적으로 행동하다 / 친구가 한 명도 옆에 없을 거야.

    → _____

3) 이렇게 운전하면서 딴짓하다 / 큰 사고가 날 수도 있어.

    → _____

4) 물건을 함부로 쓰다 / 얼마 못 가서 고장 나기 쉬워요.

    → _____

5) 계속 나쁜 짓을 하다 / 언젠가 꼬리가 잡힐 수 있어요.

    → _____

7. 대화를 완성하십시오.

1) 가 : 인생이 계획대로 되는 것도 아닌데 뭘 그리 힘들게 사는지 몰라.
    (젊을 때 생각 없이 살다 / 나이 들어서 고생한다고요.)

    나 : _____

2) 가 : 산에서 눈이 오는 걸 보니 기가 막히게 멋있네. 조금 더 있을까? (조금 더 있다 / 얼어 죽을 것 같아.)

    나 : 나는 너무 추워. _____

3) 가 : 요즘 장사가 너무 안돼요. 날마다 파리만 날리고 있어요. 거기는 어때요?

    나 : 마찬가지예요. _____

4) 가 : 제시간에 퇴근도 못 하고 몇 주째 주말도 없이 일하고 있어요.

    나 : _____

5) 가 : 상대가 약한 팀이긴 하지만 시합이 일주일 앞인데 연습을 너무 안 하는 것 같아.

    나 : 글쎄 말이야. _____

제23과 -(으)ㄴ가 싶다   -(으)ㄴ/는 마당에

어휘와 표현

1. 의미가 <u>반대인</u> 것끼리 연결하십시오.

1) 허리를, 팔을 펴다 •　　　　　　　• ① 굽히다, 구부리다

2) 입을 벌리다 •　　　　　　　　　• ② 접다

3) 다리를 벌리다 •　　　　　　　　• ③ 들다, 젖히다

4) 종이를, 꿈을 펴다 •　　　　　　　• ④ 다물다

5) 고개를 숙이다 •　　　　　　　　• ⑤ 모으다, 붙이다

2. 공통으로 들어갈 단어를 골라 쓰십시오.

당기다   잡다   펴다   풀다

1) 숙소에 도착해서 먼저 짐을 (　　　)고 밖으로 나갔다.

　저는 라면에 달걀을 (　　　)아/어 먹는 것을 좋아해요.

　시험 시작을 알리는 종이 울리자마자 문제를 (　　　)기 시작했다.

2) 타월의 양쪽 끝을 두 손으로 잡고 위로 올리면서 바깥쪽으로 잡아(　　　)(으)세요.

　사람들은 가을에 식욕이 (　　　)(느)ㄴ다고 하는데 저는 그렇지 않아요.

　출국 날짜를 좀 앞으로 (　　　)(으)ㄹ까 하고 있어요.

3) 10명 친구들이 다들 바빠서 모임 날짜를 (　　　)기가 어려워요.

　이제 정신 차렸으니까 마음(　　　)고 잘 살아 보겠습니다.

　서서 한쪽 다리를 들고 중심을 잘 (　　　)아/어 보세요.

4) 독수리가 접었던 날개를 (　　　)고 높이 날아올랐다.

　안 좋은 일이 다 해결됐으니 이제 어두웠던 얼굴 (　　　)고 다니세요.

　자기의 주장만 (　　　)(으)ㄹ 것이 아니라 서로 타협점을 찾아야 해요.

-(으)ㄴ가/나/(으)ㄹ까 싶다

3. 보기와 같이 문장을 만드십시오.

> 보기 제가 잘못한 것 같아요.
> → 제가 잘못하지 않았나 싶어요.

1) 음식이 모자랄 것 같아요.

   → _____

2) 그 사람이 저에 대해 오해를 하고 있는 것 같아요.

   → _____

3) 인터넷과 관련된 직업이 전망이 밝은 것 같아요.

   → _____

4) 내장 비만의 원인은 잘못된 식습관과 운동 부족인 것 같아요.

   → _____

4. 보기와 같이 대화를 완성하십시오.

> 보기 가 : 아까 사 온 야채가 어디에 있어요? (상할 것 같다 / 냉장고에 넣었어요.)
> 나 : 상하지 않을까 싶어서 냉장고에 넣었어요.

1) 가 : 복권을 사 본 적이 있으세요? (돼지꿈을 꾸었을 때 당첨될 것 같다 / 사 본 적이 있어요.)

   나 : 네, _____

2) 가 : 그분하고 무슨 이야기를 하셨어요? (제가 한 말을 이해 못한 것 같다 / 다시 설명해 주었어요.)

   나 : _____

3) 가 : 영철 씨가 그 식당 전화번호를 알 거예요. (저도 영철 씨가 알 것 같다 / 물어봤는데 모른대요.)

   나 : _____

4) 가 : 어제는 왜 결근을 하셨어요? (위장에 문제가 있는 것 같다 / 검사하러 병원에 갔어요.)

   나 : _____

5) 가 : 아까 저 옷이 마음에 든다고 하지 않았어요? (색이 너무 화려한 것 같다 / 망설이고 있어요.)

   나 : 그렇긴 한데 _____

-(으)ㄴ/는 마당에

5. 보기와 같이 문장을 만드십시오.

> 보기 감기로 회사에도 못 가다 / 등산을 어떻게 가겠어요?
> → 감기로 회사에도 못 가는 마당에 등산을 어떻게 가겠어요?

1) 승진도 하고 아이도 대학에 합격했다 / 한턱을 안 내면 언제 내겠어?
   → _____

2) 잠잘 시간도 없다 / 운동할 여유가 어디 있겠어요?
   → _____

3) 회사가 망하게 생겼다 / 보너스를 달라니요?
   → _____

4) 복권에 당첨됐다 / 점심 정도 못 사 드리겠어요?
   → _____

5) 생활비도 모자라다 / 해외여행은 꿈도 못 꿔요.
   → _____

6. 대화를 완성하십시오.

1) 가 : 김 대리, 무슨 일 있어? 힘들어 보이네. (제 몸이 안 좋아서 힘들다 / 부모님까지 편찮으시다고 하네요.)
   나 : _____

2) 가 : 내일 어디로 놀러 갈까? (발등에 불이 떨어졌다 / 어디를 놀러 가?)
   나 : _____

3) 가 : 민 과장님과는 무슨 이야기를 하려고요? (회사를 그만두다 / 할 말은 하고 나가야 할 것 같아서요.)
   나 : _____

4) 가 : 그 회사 사장님과 학교 동창이라면서요? 부탁 좀 해 보세요.
   (몇 십년간 연락을 끊고 지냈다 / 부탁을 하라고? 난 못해.)
   나 : _____

5) 가 : 엄마, 우리 반 친구가 이번 시험을 잘 봤어야 하는데 걱정이에요.
   (너도 시험을 못 봤다 / 남 걱정까지 하니?)
   나 : _____

제24과   -(으)ㄴ 감이 있다   -다면 몰라도

어휘와 표현

1. 아래의 물건이 어떻게 생겼는지 모양을 자세히 설명해 보십시오.

이 테이블은 _____
_____
_____

이 가방은 _____
_____
_____

2. 알맞은 것을 골라 쓰십시오.

거칠다   고급스럽다   부드럽다   세련되다

1) 이 빵이 보기에는 딱딱해 보이는데 먹어 보면 엄청 (   ).

2) 원래 피부가 고왔는데 사막 여행을 한 달 다녀왔더니 (   ).

3) 그분은 외교관으로 오랫동안 일해서 그런지 사람을 대하는 매너나 말투가 굉장히 (   ).

4) 이 벨트는 저렴한 가격에 비해 어딘지 (   )어 보여요.

3. 알맞은 동사를 골라 쓰십시오.

나오다   들다   잡히다

1) 이번 달 전기 요금이 왜 이렇게 많이 (   )았/었는지 모르겠어.

2) 이 방은 남향이어서 햇볕이 잘 (   )고 전망도 좋습니다.

3) 약속 장소로 가다가 길을 잘못 (   )아/어서 좀 늦었어요.

4) 이번 토요일에는 다른 약속이 (   )아/어 있어서 곤란한데요.

5) 이 근처 공원에 예쁘게 단풍이 (   )아/어서 정말 아름다워요.

6) 칼이 잘 (   )지 않아서 요리할 때 힘들었어요.

7) 그 한정식 집은 후식으로 식혜가 (   )던데요.

8) 후배가 이민 갔는데 자리가 (   )면 연락하겠다고 했어요.

-(으)ㄴ 감이 있다

3. 보기와 같이 문장을 바꾸어 보십시오.

> 보기 집 구조는 마음에 드는데 세 식구 살기에 평수가 좀 작아요.
> → 집 구조는 마음에 드는데 세 식구 살기에 평수가 좀 <u>작은 감이 있어요.</u>

1) 월급이 적지는 않지만 하는 일에 비해서는 좀 적은 것 같아요.

   → _____

2) 영화가 전반부는 재미있는데 후반부는 좀 지루한 것 같지 않아요?

   → _____

3) 아직 중학생인데 외국에 유학을 보내기에는 이르다고 생각해요.

   → _____

4) 만두전골을 할 건데 채소가 좀 부족한 것 같네요.

   → _____

5) 김 대리가 잘못은 했지만 부장님 말씀도 좀 지나쳤어요.

   → _____

4. 보기와 같이 대답을 쓰십시오.

> 보기 가 : 마크 씨, 이거 한국 역사책인데 한번 읽어 보시겠어요?
>   (제가 읽기엔 어렵다 / 그렇지만 한번 읽어 보고 싶어요.)
> 나 : 제가 읽기엔 어려운 감이 있지만 한번 읽어 보고 싶어요.

1) 가 : 어제 본 아파트로 계약할 거야? (특별히 문제는 없는데 거실이 작다 / 그래서 망설이고 있어.)
   나 : _____

2) 가 : 그 식당에서 회식을 할까 하는데 어때요? (분위기는 좋지만 좀 비싸다 / 그러니까 잘 생각해 보세요.)
   나 : _____

3) 가 : 이 치마는 원래 길게 입는 거라고 하는데 그래도 좀 ……. (좀 길다 / 그렇긴 한데 멋쟁이 같아 보이네요.)
   나 : _____

4) 가 : 선생님이 보시기에 제 한국말이 어떤 것 같아요?
       (억양이 약간 어색하다 / 그렇긴 하지만 거의 한국 사람 수준이에요.)
   나 : _____

-다면 몰라도

5. 보기와 같이 문장을 만드십시오.

> 보기 영화에 아주 관심이 많다 / 그 영화를 본 사람은 많지 않을 거예요.
> → 영화에 아주 관심이 많다면 몰라도 그 영화를 본 사람은 많지 않을 거예요.

1) 날씨가 아주 맑다 / 이 전망대에서 저쪽 섬은 잘 안 보여요.
   → _____

2) 월급을 2배로 주다 / 지금 다니는 회사를 옮기고 싶지 않아요.
   → _____

3) 완전 초보자이다 / 이 정도는 금방 따라 할 수 있어요.
   → _____

4) 아주 멀리 살다 / 부모님을 1년에 한 번밖에 안 뵙는다고요?
   → _____

5) 약속을 했다 / 사장님을 오늘 만나기는 어려울 거예요.
   → _____

6. 보기와 같이 대답을 쓰십시오.

> 보기 가 : 정말 죄송합니다. 제가 깜빡 잊었어요.
>   (고의로 그랬다 / 괜찮습니다.)
>   나 : 고의로 그랬다면 몰라도 괜찮습니다.

1) 가 : 1개월 동안 이 책을 다 배울 수가 있을까요? (일하지 않고 공부만 하다 / 어려울 거예요.)
   나 : _____

2) 가 : 비빔밥에 이 고추장을 더 넣을까요? (매운 걸 아주 좋아하는 사람이다 / 매울걸요.)
   나 : _____

3) 가 : 지난 일요일에 혼자 이사했어요. (친구가 없다 / 왜 도와달라고 하지 않았어요?)
   나 : _____

4) 가 : 프랭크 씨, 외국 바이어들과 회의를 해야 하는데 통역 좀 해 주세요.
       (일상회화이다 / 회의 통역은 자신 없어요.)
   나 : _____

복습 제19과~제24과

1. 다음 부사 중에서 알맞은 것을 골라 쓰십시오.

| 그나저나   도무지   딱   슬슬   차라리   툭하면 |

1) 그 사람은 무슨 생각을 하는지 (   ) 속을 알 수 없는 사람이다.

2) 6시가 가까워 오니까 사람들이 (   ) 퇴근 준비를 하기 시작한다.

3) 남편은 (   ) 집을 나가 며칠씩 안 들어오곤 하였다.

4) 집주인이 집을 비워 달라고 하네. (   ) 어디 가서 집을 구하지?

5) 신 대리는 하루에 한 갑 이상 피우던 담배를 최근에 (   ) 끊었다.

6) 저는 추위를 너무 타서 추운 것보다 (   ) 더운 게 나아요.

2. 둘 중에서 알맞은 것을 골라 쓰십시오.

1) (튀다, 무난하다)

사람들 눈에 띄는 걸 즐기거나 평범한 것을 거부하는 사람들은 (   )ㄴ/는 것보다 (   )ㄴ/는 것을 선호한다.

2) (뚜렷하다, 훤칠하다)

10여년 만에 친구의 아들을 봤는데 부모를 닮아 이목구비가 (   )고 키가 (   )ㄴ 청년이 되어 있었다.

3) (뻐근하다, 주무르다)

하루 종일 사무실에서 일하다 보면 어깨가 (   )아/어지고 두통이 오기도 하는데 틈틈이 몸을 움직이거나 목 뒤쪽을 (   )아/어 주면 좋다.

3. 밑줄 친 부분과 바꿔 쓸 수 있는 표현을 골라 알맞게 쓰십시오.

| 고정관념   떼를 쓰다   심상치 않다   짜증스럽다   혼란스럽다 |

1) 인류의 발전은 <u>기존에 생각해 왔던 굳어진 사고</u>가 깨질 때 이루어져 왔다.

2) 아이가 원하는 걸 해 달라고 <u>심하게 졸라댈</u> 때마다 들어주면 안 된다.

3) 현재 상황이 제가 보기에 <u>보통 때와 다르게 좀 특별한</u> 듯합니다.

4) 전쟁 후에는 사회가 매우 <u>질서가 없고 어지러워서</u> 범죄도 많이 발생한다.

4. 알맞은 것을 고르십시오.

1) 바쁜 친구에게 (부탁하더니 / 부탁하느니 / 부탁해서는) 차라리 혼자 하는 게 나을 것 같아요.

2) 김 부장님이 우울한 걸 보니 아들이 대학 시험에 (떨어진 게 아닌가 싶어요. / 떨어지려고요. / 떨어지는 법이 어디 있어요?)

3) 옆에서 아이가 (울어 대서 / 울어 내서 / 울고도) 뭐라고 하는지 들을 수가 없었다.

4) 왜 아직까지 책상 위에 재떨이가 있죠? 지난번에 담배를 (끊는 법이 없어요. / 끊었다면서요? / 끊기는 다 틀렸어요.)

5) 월급도 (못 받는다면 몰라도 / 못 받는 마당에 / 못 받는다고 해서) 보너스 받는 건 생각조차 못해요.

5. 다음 유형을 사용해서 의미가 비슷한 문장을 만드십시오.

> -기 나름이다   -기 일쑤이다   -(으)ㄴ 감이 있다   -느니   -(이)라면 몰라도   -치고

1) 이사를 하는 것도 원하지 않지만 집수리를 하는 것보다는 나을 것 같아요.

   → _____

2) 학생 때 몸이 약해서 자주 결석을 했어요.

   → _____

3) 이 식당은 꽤 알려진 맛집인데 음식 맛도 서비스도 별로 특색이 없어요.

   → _____

4) 제가 생각하기에 영준 씨 말이 좀 지나친 것 같아요.

   → _____

5) 여행 비용은 어떻게 계획을 세우느냐에 따라서 달라집니다.

   → _____

6) 일주일에 한 번쯤은 가능한데 세 번 이상 운동하는 건 무리예요.

   → _____

6. 다음 글을 읽고 지금까지 해 온 나의 선택이나 결정에 대해 아래의 내용을 넣어서 600~700자 정도로 쓰십시오.

> - 고민이 되었던 선택
> - 잘했다고 생각되는 선택
> - 후회와 아쉬움이 남는 선택

인간은 하루에 150번 선택을 한다

한 조사에 의하면 사람들은 매일 150번 정도의 선택할 상황에 놓이며 그중에서 서른 번 정도 신중한 선택을 하기 위해 고민하고, 다섯 번 정도 올바른 선택을 한 것에 대해 미소를 짓는다고 한다. 사람들은 늘 의미 있고 가치 있고 마음이 원하는 것을 얻기 위해서 선택을 하지만 그 선택들이 모두 맞거나 현명한 것은 아니다. 우리는 나름대로 최상의 것이라 생각되는 것들을 선택하고 그렇게 만들어 가기 위해 노력을 할 뿐이다.

제25과 -았/었다 하면   -(으)나마나

어휘와 표현

1. 다음 일기예보를 완성하십시오.

기온　　배탈이 나다　　습도　　열대야　　장마　　찜통더위

한낮의 1) (　　　　)이/가 35도 가까이 오르고 푹푹 찌는 2) (　　　　)이/가 10일 이상 계속되고 있습니다. 지난주까지 계속된 3) (　　　　)(으)로 인해 4) (　　　　)이/가 높아서 전국 대부분 지역에서 불쾌지수 80 이상을 기록하고 있는데요. 불쾌지수 80 이상은 대부분의 사람이 불쾌감을 느끼고 있음을 의미합니다. 또한 밤에도 기온이 25도 이하로 떨어지지 않는 5) (　　　　)이/가 일주일째 계속되고 있고 병원에는 찬 음식을 많이 먹어 6) (　　　　)(으)ㄴ/는 환자들과 냉방병 환자의 수가 증가하고 있다고 합니다.

2. 알맞은 것을 골라 쓰십시오.

닿다　　타다

1) 지금껏 부모님께 용돈을 (　　　　)아서 썼는데 이제 내가 돈벌이를 해야겠다.

2) 이런 약은 아이들 손이 (　　　　)지 않는 곳에 두셔야 합니다.

3) 친구가 말하기 대회에서 상을 (　　　　)았다고 한턱냈어요.

4) 계절에 따라 기분이나 컨디션이 달라지는 것을 계절을 (　　　　)(느)ㄴ다고 해요.

5) 연락이 끊겼던 친구하고 우연히 연락이 (　　　　)아서 만나기로 했다.

3. 밑줄 친 부분과 바꿔 쓸 수 있는 말을 골라 알맞게 쓰십시오.

입가심　　이열치열　　멍하다　　배기다

1) 그 소식을 듣고 놀랐는지 잠시 <u>정신이 나간 것 같은</u> 표정으로 앉아 있다.

2) 매운 떡볶이를 먹고 나서 <u>입을 개운하게 씻어 낼</u> 후식으로 아이스크림을 먹었다.

3) 더위를 이기는 방법은 <u>뜨거운 음식을 먹어 땀을 내는 것</u>이 최고다.

4) 자기가 하고 싶은 일을 하지 않고는 <u>견디지 못하는</u> 성격이에요.

-았/었다 하면

4. 다음 문장을 완성하십시오.

1) 노래방에서 마이크만 잡았다 하면 _____

2) 도박은 중독성이 있어서 한번 시작했다 하면 _____

3) 맛집으로 방송에만 나갔다 하면 _____

4) 아이가 어찌나 밖에서 노는 걸 좋아하는지 _____ 들어갈 생각을 안 해요.

5) 사장님이 말씀을 길게 하셔서 _____ 한 시간이에요.

5. 다음 문장을 보기와 같이 고쳐 쓰십시오.

> 보기 그 사람이 손만 대면 안 되던 일도 잘 풀려요.
> → 그 사람이 손만 댔다 하면 안 되던 일도 잘 풀려요.

1) 식성이 좋아서 밥을 먹으면 항상 두 공기는 먹어요.

→ _____

2) 제 짝은 시험만 보면 언제나 전교에서 1등이에요.

→ _____

3) 그 작가가 쓴 책마다 베스트셀러가 돼요.

→ _____

4) 평소에 온순했던 남자들도 자동차 핸들만 잡으면 성격이 돌변해요.

→ _____

5) 제 친구들은 모일 때마다 한두 시간씩 수다를 떨어요.

→ _____

-(으)나마나

6. 다음 문장을 보기와 같이 완성하십시오.

> 보기 살 뺀다고 운동 열심히 하고 나서 바로 먹고 자 버리면 운동하나마나예요.

1) 야단을 쳐도 그때뿐이고 고쳐지질 않아요. _____

2) 이 구두는 작겠어요. 제 발이 240이거든요. _____

3) 그 사람 늘 늦잖아요. 오늘도 분명히 늦을 거예요. _____

4) 국이 한 냄비 가득인데 소금 반 숟가락은 _____

5) 건망증이 심한 사람은 메모를 해도 잊어버리니까 _____

7. 다음 대화를 보기와 같이 완성하십시오.

> 보기 가 : 취업도 어려운데 전공하고는 달라도 한번 일해 보는 게 어때요?
> 나 : 이전에도 비슷한 일을 해 봤잖아요. 해 보나마나 잠시 일하다 그만두게 될 거예요.

1) 가 : 약속 시간이 1시간이나 지났네요. 그래도 혹시 아직 기다릴지 모르니까 한번 가 볼까요?

　나 : _____ 벌써 가고 없을 거예요.

2) 가 : 김연우 작가가 이번에 새로운 드라마를 쓴다는데, 이번에도 재미있겠지.

　나 : _____ 재미있겠지. 이번에도 본방사수!

3) 가 : 정부에서 이번 사태에 대한 확실한 대책 발표를 한다고 하네요.

　나 : _____ 똑같은 뻔한 내용이겠지 뭐. 별로 기대하지 마세요.

4) 가 : 이번에 제가 담근 김장 김치 맛 좀 봐 주세요. 정성껏 담근다고 담갔는데 맛이 어떨지.

　나 : 영애 씨 요리 솜씨야 알 만한 사람은 다 아는데요 뭘. _____ 맛있겠지요.

5) 가 : 선배가 너한테 쌀쌀맞게 굴어도 네가 잘해 줘 봐.

　나 : _____ 선배는 언제나 쌀쌀맞게 굴어.

제26과 -(으)ㄹ 듯 말 듯하다 -마저

어휘와 표현

1. 알맞은 단어를 골라 문장을 완성하십시오.

제맛   제자리   제 나이   제대로   제때   제값

1) 10년 이상 한국에 살았지만 한국말을 (　　　　) 배운 적이 없어서 아직 서툴러요.

2) 일을 미루지 말고 (　　　　) 하도록 하세요.

3) 비싸게 주고 산 운동 기구인데 잘 쓰지 않아 (　　　　)을/를 못하네요.

4) 된장찌개는 뭐니 뭐니 해도 뚝배기에 끓여야 (　　　　)이야.

5) 가지고 놀던 장난감은 (　　　　)에 갖다 놓아야 합니다.

2. 알맞은 단어를 골라 쓰십시오.

내리다   떨어지다

1) 그 영화는 흥행에 실패해 상영한 지 1주일 만에 막을 (　　　　).

2) 월급날이 아직 멀었는데 생활비가 벌써 (　　　　)었으니 어쩌지?

3) 차에 싣고 온 짐을 (　　　　)어야 하는데 좀 도와주실래요?

4) 기숙사는 학교에서 200미터쯤 (　　　　)어 있어요.

3. 알맞은 단어를 골라 이야기를 완성하십시오.

뚝   얼다   한파주의보   빙판길   풀리다

내일은 서울 경기 지역에 1) (　　　　)이/가 발령되겠습니다. 아침 기온이 영하 15도로 2) (　　　　) 떨어지고 바람도 매섭게 불겠습니다. 오늘 내린 눈이 3) (　　　　)어붙으면서 내일 아침 출근길은 4) (　　　　)이/가 예상됩니다. 이번 추위는 주말쯤 5) (　　　　)(으)ㄹ 것으로 보입니다.

-(으)ㄹ 듯 말 듯 하다

4. 다음 문장을 완성하십시오.

1) 발표자의 목소리가 너무 작고 제 자리가 너무 뒤쪽이라서 _____

2) 구름이 끼어 산 정상이 _____

3) 어제 무슨 얘기를 했지? 많이 취해서 _____

4) 학생들이 내 설명에 _____ ㄴ 표정으로 앉아 있다.

5) 복근 운동을 할 때 등이 _____ ㄴ 상태에서 다시 일어나야 효과가 있어요. (바닥에 닿다)

5. 다음 대화를 완성하십시오.

> **보기** 가 : 커피에 설탕은 어떻게 넣어 드릴까요?
> 나 : 아주 조금만, <u>넣은 듯 만 듯</u>하게 타 주세요.

1) 가 : 김 과장이 이번 일을 맡아서 하겠다고 승낙했어요?
   나 : 아니요, _____ 하면서 확실한 대답을 안 해요.

2) 가 : 영준 씨가 와서 뭐라고 말했어요?
   나 : 뭔가 _____ 하다가 그냥 나가 버렸어요.

3) 가 : 이력서에 붙일 사진인데 표정은 어떻게 할까요?
   나 : 너무 활짝 웃지 마시고 이가 _____ 하게 살짝 웃어 보세요.

4) 가 : 유럽과의 수출 계약은 성사되었나요?
   나 : _____ 하면서 안 되네요.

5) 가 : 몇 시간째 낚싯대만 바라보고 있는 거예요?
   나 : _____ 하면서 안 잡히네요.

-마저

6. 알맞은 단어를 골라 대화를 완성하십시오.

> 식수   대기업   언니   동료   원금   가구

보기
가 : 그럼 가족이 하나도 없는 겁니까?
나 : 어렸을 때 사고로 부모님이 돌아가시고 <u>언니마저 이민을 갔어요.</u>

1) 가 : 경제가 안 좋아 중소기업들이 어렵다면서요?

   나 : 중소기업은 물론이고 _____

2) 가 : 이제 회사에서 그 사람 편은 한 명도 없다면서요?

   나 : 그렇다고 하네요. 가장 가까웠던 _____

3) 가 : 지진이 난 그곳 상황이 어떤지 전해 주시지요.

   나 : 철도와 전기가 끊기고 _____

4) 가 : 투자했던 상품으로 수익이 많이 났나요?

   나 : 수익은커녕 _____

5) 가 : 그 마을은 이제 주민이 하나도 살지 않는다고 들었어요.

   나 : 마지막까지 마을을 지켰던 몇몇 _____

7. **보기**와 같이 문장을 완성하십시오.

보기 왜 그렇게 조금만 먹어요? 시간 많으니까 <u>천천히 마저 드세요.</u>

1) 이사한 지 벌써 2주 됐는데 이삿짐 정리를 아직 못 끝냈어요.

   그래서 이번 주말에 _____

2) 개인 사정으로 그만둘 수밖에 없었던 공부를 이번 기회에 _____

3) 먼저 퇴근들 하세요. 저는 하던 일이 남아서 _____

4) 준비한 양념을 반만 넣고 10분쯤 익히다가 물을 붓고 남은 양념을 _____

5) 술잔을 아직 안 비웠네. _____ 2차 갑시다.

제27과 -자   -(으)ㄴ 채

어휘와 표현

1. 알맞은 단어를 골라 쓰십시오.

한낮   한창   한밤중   한복판

1) 얼마 전 시작한 집 앞 지하철 공사가 (   )이다.

2) 내일은 (   )의 기온도 영하에 머물겠습니다.

3) 약국도 병원도 문을 닫은 (   )에 아이가 열이 나서 당황했어요.

4) 서울 (   )에 있는 덕수궁의 모습은 과거와 현재가 공존하는 이색적인 분위기를 풍긴다.

2. 상황에 맞는 표현을 골라 알맞게 쓰십시오.

발이 넓다   발이 묶이다   발 벗고 나서다
발등에 불이 떨어지다   (속담) 발 없는 말이 천 리 간다

1) 급하게 해야 할 일이 생겼을 때 (   )다고 해요.

2) 사귀어 아는 사람이 많고 활동 범위가 무척 클 때 (   )다고 해요.

3) 마치 자기 일처럼 일을 적극적으로 시작할 때 (   )다고 해요.

4) 몸을 움직이거나 활동할 수 있는 형편이 못 될 때 (   )다고 해요.

5) 비밀스러운 이야기가 퍼져서 많은 사람이 알게 될 때 (   )다고 해요.

3. 밑줄 친 부분과 바꿔 쓸 수 있는 단어를 골라 알맞게 쓰십시오.

고온다습   덕을 보다   우기   이왕이면   폭설

1) 친한 친구가 발이 넓어서 거래처를 소개해 줬다. 친구의 <u>도움을 받았다</u>.

2) 장마가 끝나고 나면 본격적으로 <u>기온이 높고 습기가 많은</u> 날이 계속된다.

3) 비행기 옆자리에 누가 앉을지 모르지만 <u>어차피 누가 앉을 거라면</u> 멋있는 사람이 앉으면 좋지요.

4) <u>갑자기 쏟아진 많은 눈</u>으로 인해 버스 운행이 지연되고 있다.

| **-자** |

4. 내용에 맞게 문장을 연결하여 쓰십시오.

1) 술이 한잔 들어가다 • • 뻐근하던 목 주위가 시원해졌다.

2) 뜨거운 찜질을 하다 • • 정신없이 팔려 나갔다.

3) 그 가수의 음반이 발매되다 • • 이런저런 술자리가 이어졌다.

4) 은행 금리가 내리다 • • 말이 많아지기 시작했다.

5) 연말연시가 되다 • • 집을 구입하는 사람들이 많아졌다.

1) _____
2) _____
3) _____
4) _____
5) _____

5. 다음 대화를 완성하십시오.

1) 가 : 요 며칠 너무 추웠지요? 오늘은 좀 풀린 것 같네요.

   나 : 그런데 미세먼지 때문에 하늘이 뿌옇네요. _____ 미세먼지가 극성을 부리는군요.

2) 가 : 두 사람의 의견 대립이 심했는데 잘 해결되었다면서요?

   나 : 한 사람이 먼저 양보하자 _____

3) 가 : 오늘 공연 무척 감동적이었어요.

   나 : 맞아요. _____ 모두 일어나서 기립박수를 쳤어요.

4) 가 : 두 분이 부부애가 남달랐다고 들었습니다.

   나 : 네. 정말 사이가 좋으셨어요. 작년에 어머니가 먼저 돌아가셨지요. _____
   아버지도 점점 건강이 나빠지시더니 1년 만에 어머니를 따라 가셨어요.

5) 가 : 홀로 손자를 키우는 할머니 이야기 방송에서 보셨어요?

   나 : 네, _____ 여기저기에서 도움을 주겠다고 방송국에 전화가 왔대요.

-(으)ㄴ 채

6. 다음 문장을 완성하십시오.

1) 가족들에게 얘기도 없이 집을 나간 채 _____

2) 수술 전 검사도 제대로 안 한 채 _____

3) 어릴 때 방에 들어가 _____ 3일 동안 안 나온 적도 있어요. (문을 잠갔다)

4) 범인은 _____ 경찰차에 올랐습니다. (고개를 숙였다)

5) 부탁을 하러 갔다가 _____ 돌아왔다. (말도 꺼내 보지 못했다)

7. 다음 대화를 완성하십시오.

1) 가 : 부산 어린이 유괴 사건은 아직도 범인을 못 잡았나요?

　나 : 네, _____ 벌써 2년이 지났어요.

2) 가 : 어제는 어떻게 소파에서 잤어?

　나 : 그러게, 텔레비전 보다가 _____

3) 가 : 다리에 깁스를 해서 요즘 회사 못 나가시죠?

　나 : 아니요, 꼭 해야 할 일이 있어서 _____

4) 가 : 문제가 됐던 제품에 대해서 보상받으셨어요?

　나 : 아니요, _____ 흐지부지되고 말았어요.

5) 가 : 고인께서 어떤 유언을 남기셨나요?

　나 : 갑자기 사고로 돌아가시는 바람에 _____

제28과 -을/를 가지고   설마 -(으)려고요

어휘와 표현

1. 알맞은 단어를 골라 쓰십시오.

1) (경쟁, 위로, 대결하다, 협력하다)

   양쪽이 서로 양보하지 않고 (　　　　　)려 한다면 합의점을 찾기는 불가능하다. (　　　　　)이/가 심해진 사회일수록 어려울 때 서로 (　　　　　)지 않으면 살아남기 어렵다.

2) (감성적, 이성적)

   일반적으로 남자가 (　　　　　)이고 여자가 (　　　　　)인 편이라고들 이야기하는데 맞는 말인가요?

3) (고유, 창의력, 판단)

   인간보다 뛰어난 (　　　　　) 능력과 (　　　　　)까지 갖춘 인공지능이 나오는 것은 시간문제라고 한다. 그렇다면 인간 (　　　　　)의 능력은 없어진다는 말인가?

2. 다음 단어를 사용하여 보기와 같이 문장을 만드십시오.

> 보기 모든 발명품은 상식을 뛰어넘는 아이디어에서 출발한다.

1) (뛰어넘다 – 상상, 능력의 한계, 예상, 상식, 담)

2) (멈추다 – 엘리베이터, 하던 일, 걸음, 숨)

3) (놓다 – 마음, 말, 주사, 손)

4) (가다 – 의심, 공감, 이해, 짐작)

–을/를 가지고

3. 보기와 같이 문장을 만드십시오.

> 보기 아무것도 아닌 것 / 트집을 잡다
> → 아무것도 아닌 걸 가지고 왜 트집을 잡고 그러는지 모르겠어요.

1) 가만히 있어도 자연히 해결될 일 / 시끄럽게 하다

   → _____

2) 다 끝난 일 / 다시 문제를 삼다

   → _____

3) 별일도 아닌 것 / 자랑을 하다

   → _____

4) 일어나지도 않을 일 / 괜한 걱정을 하다

   → _____

4. 대화를 완성하십시오.

1) 가 : 이걸 네가 직접 만든 거야? 놀라워, 정말 대단하다.

   나 : 뭘 이 정도 _____? 지난번에는 _____

   가 : 진짜? 한식집을 차려도 될 실력인걸.

2) 가 : 어제 단어 시험을 봤는데 한 개를 틀렸어. 속상해 못 살겠어.

   나 : _____? 나는 _____

   가 : 몇 개나 틀렸는데?

3) 가 : 어제 일 처리를 잘못한 직원한테 싫은 소리를 했더니 나도 기분이 안 좋아.

   나 : _____

   가 : 나도 그러지 않으려고 하는데 그게 잘 안 되네.

4) 가(감독) : 10분 지각했으니까 훈련을 2시간 더 하도록 하겠습니다.

   나(선수) : _____

   가(감독) : 그럼 1시간만 더 하는 것으로 하지요.

설마 -(으)려고요

5. 대화를 완성하십시오.

1) 가 : 로봇이 인간보다 뛰어나게 돼서 인간을 지배하게 되면 어떡해요?

   나 : _____

2) 가 : 밤새 기온이 떨어진다는데 이러다 수도가 어는 거 아니야?

   나 : _____

3) 가 : 김밥 10줄을 통에 담아 놓았는데 통이 비었네. 지훈이 혼자 다 먹었나 봐.

   나 : _____

4) 가 : 사흘 전부터 윤호한테 몇 번이나 부탁했는데 안 하지 않았겠지?

   나 : _____

6. 다음 상황에서 아래의 유형을 사용하여 보기 와 같이 문장을 만드십시오.

걱정이나 의심을 하는 상황	사용할 유형
'가게가 하루아침에 망할 수도 있어요.' '길고양이가 굶어 죽으면 어떡하지?' '돈을 훔쳐 가지 않을까?' '자기 자식을 버리는 사람이 있다는데'	설마 -(으)려고. 설마 -는 건 아니겠지? 설마 -기야 하겠어? 설마 -지는 않겠지? 설마 -(으)리라고는 꿈에도 생각 못 했다 설마 -(으)ㄹ 줄이야.

보기 설마 가게가 하루아침에 망하려고
     설마 가게가 하루아침에 망하는 건 아니겠지?
     설마 가게가 하루아침에 망하기야 하겠어?

제29과 -아/어 놓았다가   -이/가 따로 없다   기껏해야

어휘와 표현

1. 알맞은 단어를 골라 쓰십시오.

> 맞다   맞추다   잠그다   잠기다

1) 자기가 쓴 답이 (   )는지 안 (   )는지 확인하고 싶으면 정답표가 있으니까 (   )아/어 보세요.

2) 방문이 좀 이상해요. (   )지 않아도 그냥 (   )아/어 버려요.

3) 가스 밸브를 안 (   )(으)ㄴ/는 것 같아서 확인해 보면 (   )아/어 있는 경우가 많더라고요.

4) 시계가 안 (   )아/어서 (   )아/어 놓았는데 또 안 (   )(으)ㄴ/는 걸 보니 건전지가 다 됐나 봐요.

2. 다음 단어와 유형을 사용하여 보기 와 같이 문장을 만드십시오.

> 보기 기계화 – 생산 현장
>   → 생산 현장의 기계화가 진행됨에 따라 근로자들이 일자리를 잃게 된다.

1) 대중화 – 인터넷

→ _____

2) 자동화 – 생산 시설

→ _____

3) 지능화 – 범죄

→ _____

3. 다음 단어를 사용하여 '스마트홈'의 특징을 써 보십시오.

> 자동화   조명   꺼지다   켜지다   보안   원격 조정

-아/어 놓았다가

4. 다음 문장을 연결하십시오.

1) 여름에 호박을 썰어서 말리다 / 겨울철에 다양하게 이용할 수 있어요.

   → _____

2) 채소를 잠깐 물에 담그다 / 샐러드를 만들면 더 신선한 느낌이 나요.

   → _____

3) 수박을 미리 냉장고에 넣다 / 시원하게 먹어야 맛있어요.

   → _____

4) 고기를 하루 전에 양념하다 / 팬에 기름을 두르고 구우세요.

   → _____

5. 대화를 완성하십시오.

1) 가 : 아까부터 인터넷으로 맛집 검색하던데 언제 가려고?
      (미리미리 알다 / 나중에 여자 친구랑 같이 가야지.)

   나 : _____

2) 가 : 스마트폰에 있는 메모장 기능을 잘 쓰세요?
      (메모를 저장하다 / 필요할 때마다 찾아보니까 편리하던데요.)

   나 : _____

3) 가 : 아이들 어릴 때 크리스마스 때마다 재미있었는데.
      (선물 사서 아이들 모르게 숨기다 / 크리스마스트리 밑에 놓아 두었지.)

   나 : _____

4) 가 : 권 회장님은 어떻게 해서 큰 부자가 되었대요?
      (오래전부터 시골에 땅을 사다 / 되파는 식으로 벌었다나 봐요.)

   나 : _____

5) 가 : 이 공책에 적혀 있는 글들은 뭔가요? (좋은 글귀를 적다 / 글을 쓸 때 가끔씩 인용하곤 합니다.)

   나 : _____

6) 가 : 하기 싫은 일을 미리미리 하는 편이에요? (아니요, 미루다 / 막판에 빨리 해 버려요.)

   나 : _____

-이/가 따로 없다

6. 알맞은 것을 골라 보기와 같이 문장을 만드십시오.

| 난리 날강도 돼지우리 신선 천사 밥도둑 |

보기 난 지금껏 이렇게 착한 사람은 못 본 거 같아. 천사가 따로 없다니까.

1) 동생 방에 들어갔는데 냄새도 나고 물건이란 물건은 어질러져 있고, _____

2) 총각김치가 맛있게 익어서 밥을 두 공기나 먹었네요. _____

3) 지진이 나서 전기, 수도, 가스가 3일 동안 안 들어왔어요. _____

4) 이런 깊은 계곡에서 그림 그리면서 지내고 있는 거야? _____

5) 회원 가입을 하게 하더니 회비를 내야 한다며 강제로 걷는 분위기였어요. _____

기껏해야

7. 다음 대화를 완성하십시오.

1) 가 : 이번에 동아리에 들어온 나영이가 우리보다 나이가 많대. (스무 살)

   나 : 글쎄, 기껏해야 _____

2) 가 : 이 물건들을 모두 팔면 얼마나 받을 수 있을까? (일이십만 원)

   나 : 기껏해야 _____

3) 가 : 아이가 열 살이면 제법 집안일도 돕고 그러죠? (자기 방 정리)

   나 : 열 살짜리가 뭘 하겠어요? _____

4) 가 : 삼천만 원 정도 돈이 있는데 무슨 장사를 할 수 있을까? (노점)

   나 : _____

5) 가 : 상대방이 경험도 많고 수상 경력도 있는 선수 같아서 걱정이에요. (작은 국내 대회 수상)

   나 : _____

제30과 -(으)ㄹ 대로   어찌나 -던지

어휘와 표현

1. 다음 단어를 사용하여 문장을 만드십시오. (순서는 관계없음)

1) 오존층 / 파괴되다(하다) / 프레온 가스

_____

2) 뇌세포 / 파괴되다(하다) / 치매

_____

3) 조리하다 / 파괴되다(하다) / 영양소

_____

2. 동사 '따지다'를 사용해서 대화를 완성하십시오.

1) 가 : 회사를 옮기는 게 나을지 승진이 안 돼도 그냥 다니는 게 나을지 모르겠네요. (이득과 손실을 잘 따지다)

　　나 : _____

2) 가 : 김 대리가 어제 왜 그런 무례한 말을 했을까? 정말 기분 나쁘더라.

　　나 : 맞아. 그냥 넘어가면 안 돼. _____

3) 가 : 세상일이라는 게 옳고 그른 것이 분명하지 않을 때가 있지 않아요?

　　나 : 그래도 _____

3. 여러분의 식생활은 어떻습니까? 다음 단어를 사용하여 자신의 식생활에 대해 써 보십시오. 또 미래의 식생활이 어떻게 변화할지에 대해 써 보십시오.

| 끼 | 의식주 | 골고루 | 단백질 | 섭취하다 | 영양소 | 탄수화물 | 식량 |

-(으)ㄹ 대로

4. 보기와 같이 문장을 바꾸어 쓰십시오.

> 보기 빨리 해결했어야 하는데, 일이 심하게 꼬여서 해결하기가 어려워졌다.
> → 빨리 해결했어야 하는데, 일이 꼬일 대로 꼬여서 해결하기가 어려워졌다.

1) 국제 유가가 오를에 따라 공산품 가격이 너무 많이 올랐습니다.
   → _____

2) 우리 할아버지의 등이 많이 굽으셨어요.
   → _____

3) 암세포가 온몸에 퍼져서 수술이 불가능하다고 하네요.
   → _____

4) 연장전까지 마친 상황에서 선수들의 체력이 완전히 떨어진 상태입니다.
   → _____

5) 두 사람의 관계가 아주 멀어진 것 같아요.
   → _____

5. 대화를 완성하십시오.

1) 가 : 염색을 많이 했더니 _____ (머리카락이 상하다)
   나 : 미용실에서 헤어클리닉을 해 보세요.

2) 가 : 셔츠를 오래 입었더니 _____ (색이 연해지다)
   나 : 원래 색은 아니지만 그런대로 멋스러운데요.

3) 가 : 양국 대표들의 회담이 진행되고 있는데요, 분위기가 어떻습니까?
   나 : 외교 문제로 인해 _____ (회담장의 분위기가 가라앉다)

4) 가 : 나이를 먹으면 면역력이 약해지니까 조심해야 해요.
   나 : 안 그래도 _____ ㄴ 것 같아요. (요즘 면역력이 약해지다)

5) 가 : 대출금을 갚지 못한 상태에서 또 다시 대출을 받아야 할 상황이에요.
   나 : 지금도 힘든데 회사의 _____ 겠네요. (자금 사정이 악화되다)

제30과 영양소 골고루 들어있는 알약 하나 없나

어찌나 -던지

6. 보기와 같이 문장을 바꾸어 쓰십시오.

> 보기 너무 미안해서 얼굴을 들 수가 없었어요.
> → 어찌나 미안하던지 얼굴을 들 수가 없었다니까요.

1) 봄철인데도 날이 너무 추워서 덜덜 떨었어요.

    → _____

2) 고추짬뽕을 한 숟가락 먹었는데 너무 매워서 죽을 뻔했어요.

    → _____

3) 동생 하는 짓이 너무 미워서 때려 주고 싶었어요.

    → _____

7. 대화를 완성하십시오.

1) 가 : 여행 간 사이에 집에 도둑이 들었어요?

   나 : 네, _____ 아직도 좀 무서워요. (놀랐다)

2) 가 : 심판 판정이 잘못돼서 진 거라면서요?

   나 : 네, _____ 경기 끝나고 나서 펑펑 울었어요. (분하다)

3) 가 : 그 개그맨이 어제 쇼에 나와서 그렇게 웃겼어요?

   나 : 네, _____ 배꼽이 빠지는 줄 알았어요.

4) 가 : 20년 만에 동창을 만났으면 정말 반가우셨겠네요.

   나 : 네, _____ 옛날 얘기하느라 시간 가는 줄 몰랐어요.

8. 대화를 완성하십시오.

가 : 어제 결혼한 친구 집에 갔었다면서요?

나 : 친구 아이가 어찌나 똑똑하고 귀엽던지 1) _____

가 : 정말요? 그래도 결혼해서 살림하는 건 힘들 거 같은데.

나 : 살림도 어찌나 2) _____ 집도 예쁘게 꾸며 놓았더라고요.

   음식도 어찌나 많이 차렸던지 3) _____

복습 제25과~제30과

1. 알맞은 말을 골라 쓰십시오.

   | 골고루 꽁꽁 뚝 설마 스스로 쌩쌩 영 저절로 푹푹 |

   1) 더위를 먹어서 그런지 밥을 (   ) 못 먹겠다.

   2) 경제가 좋지 않아서 시장에 손님들의 발길이 (   ) 끊겼다.

   3) 여러 소문이 떠돌았지만 처음에는 (   ) 그럴 거라고 믿지 못했다.

   4) 건강하려면 가리는 음식 없이 (   ) 잘 먹어야 한다.

   5) 너무 걱정하지 마세요. 시간이 지나면 (   ) 해결될 문제예요.

   6) 행사 후 시민들 (   ) 쓰레기를 치우는 모습이 아름다웠다.

   7) 숨 쉬기가 힘들 정도로 날씨가 (   ) 찐다. 어서 여름이 지나고 뺨이 (   ) 얼 정도로 찬 바람이 (   ) 부는 겨울이 왔으면 싶다.

2. 밑줄 친 부분과 바꿔 쓸 수 있는 말을 골라 알맞게 쓰십시오.

   | 갇히다 닿다 따지다 멈추다 밀접하다 파괴되다 |

   1) 정전으로 인해 공장의 기계들이 작동을 <u>더 이상 하지 않았다</u>.

   2) 집안 구석구석 어머니의 손길이 <u>미치지</u> 않은 곳이 없다.

   3) 갑자기 정전이 되는 바람에 엘리베이터에서 <u>나오지 못하고</u> 있었다.

   4) 열대야와 환경 문제는 <u>깊게</u> 관련되어 있다.

   5) 지진으로 인해 대부분의 건물들이 <u>부서지거나 무너졌다</u>.

   6) 날짜를 <u>계산해</u> 봤더니 이번 토요일이 우리 만난 지 100일이 되는 날이다.

3. 알맞은 것을 고르십시오.

1) 사고 차량이 길을 (막은 채 / 막는 한) 서 있어서 도로가 꽉 막혔습니다.

2) 낯선 사람이 내부에 (침입했다가 / 침입했다 하면) 경보음이 울리게 되어 있다.

3) 비가 많이 올 때 물을 저장해 (놓았다가 / 놓았더니) 가뭄이 들면 식수로 사용한다고 한다.

4) 여행 일정이 너무 빡빡해 일주일쯤 후에는 대부분의 사람들이 (지칠 대로 / 지칠 듯 말 듯) 지쳐 있었다.

5) 새로운 로봇의 기능이 어찌나 (신기하던지 / 신기하고 보니) 이것저것 눌러 보면서 작동을 시켜 보았다.

4. (   ) 안에 있는 유형을 이용하여 비슷한 의미가 되도록 문장을 만드십시오.

1) 아버지가 너무 엄하셔서 친구들끼리 여행 가는 거는 허락하시지 않을 거예요. 한번 여쭈어 보기는 하겠지만 안 된다고 하실 거예요. (-나마나)

   → _____

2) 시시콜콜한 문제 때문에 논쟁하거나 싸우지 맙시다. (-을/를 가지고)

   → _____

3) 아무리 기술이 발전해도 로봇이 인간을 지배하는 세상은 오지 않을 거예요. (설마 -(으)려고요)

   → _____

4) 해가 지고 날이 어두워지니까 기온이 급격히 떨어지기 시작했다. (-자)

   → _____

5) 맛이면 맛, 분위기면 분위기, 모든 게 완벽하고 심지어 가격도 쌉니다. (-마저)

   → _____

해답

해답

제1과

1.
1) 어색하고 2) 해졌는데 3) 활기찼어요 4) 흥미로웠습니다
5) 다양할 테니까

2.
1) 튀면, 튀어서 2) 장만하려고, 장만할 3) 견디기가, 견디고

3.
1) 말도 없고 조용한 편이라서 학교생활에 적응을 잘 해 낼 자신이 없다.
2) 슬픔이나 아픔을 끝까지 참아 내는 사람이 승리하는 것이다.
3) 고집이나 신념이 없이는 전통을 지켜 내기 어렵습니다.
4) 그 사람이 대답을 하지 않고 있는데 이번에는 확실한 대답을 받아 낼 거예요.
5) 이번 공격을 막아 내면 다음 세트에서 이길 수도 있을 것 같은데요.

4.
1) 아이가 견뎌 낼 수 있을지
2) 가족들이 곁에서 도와줘서 병을 이겨 냈어요.
3) 국내외 환경이 좋지 않지만 이루어 냅시다.
4) 누가 생각해 냈는지
5) 메달을 꼭 따 낼게요.

5.
1) 이 펜으로 쓰니까 글씨가 잘 써져요.
2) 그 일은 정말로 잊어버리고 싶은데 잊어버려지지 않아요.
3) 나쁜 습관이 고쳐지기는 생각보다 어려워요.
4) 지금처럼만 하면 내년에는 목표가 이루어질 거예요.
5) 이 이야기는 옛날부터 입에서 입으로 전해진 전설입니다.
6) 이 건물은 아주 튼튼하게 지어져서 웬만한 지진에도 끄떡없을 겁니다.

6.
1) 느껴지는
2) 밝혀지지 않았습니다.
3) 지워지던데요.
4) 사실이 알려졌어요.

제2과

1.
1) 예민해져서 2) 불길한 3) 벌어진 4) 담담한
5) 재수가 좋을

2.
1) 신경이 예민해진다 2) 신경 쓸 3) 신경이 쓰여서

3.
1) 그 물건이 어디선가 나타난다. 2) 옆자리가 먼저 난다.
3) 좋아하는 프로그램이 끝나 간다.

4.
1) 멀리서도 잘 보이라고 빨간색으로 썼어요.
2) 애들이 친구들과 파티를 한다고 해서 재미있게 놀라고 외출하려고 해요.
3) 햇볕에 잘 마르라고 밖에다가 널어 놓았어요.
4) 보통 비린내 나지 말라고 생강즙을 넣어요.
5) 병이라서 깨지지 말라고 두 번 포장했어요.
6) 조용히 쉬라고 두고 나왔어.

5.
1) 아들딸 많이 낳으라고 2) 일이 잘 풀리라고
3) 햇볕이 잘 들어오라고 4) 귀신이 방해하지 말라고
5) 돈 많이 벌라고 6) 100살까지 건강하게 살라고

6.
1) 에펠탑이야
2) 맥주 한잔이야 마실 수 있지요?
3) 떡국이야 끓이겠지요.
4) 첫사랑이야 기억하겠지요.
5) 반지야 하겠지.

7.
1) 징크스를 무시하고야 싶지만 오래된 징크스라서 잘 안 돼요.
2) 술을 줄이고야 싶지만 술자리가 자주 있어서 마시게 돼요.
3) 좋아하는 사람에게 말하고야 싶지만 거절당할까 봐 두려워 못하겠어요.
4) 사원들의 요구를 들어주고야 싶지만 회사 사정이 좋지 않아서 곤란해요.

제3과

1.
1) 지금껏 2) 실컷 3) 한껏 4) 재주껏

2.
1) 부딪쳐요, 부딪칠 2) 쏘아, 쏠 3) 섞어, 섞어
4) 타요, 타서 5) 빌어야, 비는

3.
1) 가는 김에 2) 사는 김에 3) 버릴 것은 버리려고 해요.
4) 말이 나온 김에

4.
1) ③ 2) ② 3) ① 4) 넘어진 김에 쉬어간다고
5) 지금 알아보는 게 어때요? 6) 떡 본 김에 제사 지낸다고

5.
1) 유치원생들에게 올바른 식습관을 갖게 하고자 단체 급식을 하고 있습니다.
2) 흡연의 유해성을 알리고자 담뱃갑에 금연 광고를 하기로 하였습니다.
3) 아이들에게 교통 법규의 중요성을 심어 주고자 어린이 교통 공원을 만들었습니다.
4) 주민들의 취미와 여가 생활을 돕고자 동 주민 센터에서 다양한 프로그램을 마련하고 있습니다.
5) 브랜드 이미지를 강조하고자 제품의 내용보다 이미지 위주의 광고를 하였습니다.

6.
1) 갖고자 합니다. 2) 쓰고자 합니다. 3) 듣고자 합니다.
4) 하고자 합니다. 5) 달성하고자 합니다.

제4과

1.
1) 꼼꼼하다는 2) 내성적인 3) 긍정적인 4) 사교적인
5) 부정적으로

2.
1) 집중력 2) 다양한 3) 장점 4) 소통할

3.
1) 내성적이다-외향적이다 2) 꼼꼼하다-덜렁대다
3) 신중하다-경솔하다 4) 활발하다-얌전하다
5) 부정적이다-긍정적이다

4.
1) 음악을 듣는다든지 운동을 한다든지 해요.
2) 50% 이상 결석한다든지 시험 점수가 60점 이하라든지
3) 한국 친구를 사귄다든지 한국 방송을 반복해서 본다든지
4) 열이 난다든지 수술 부위가 아프다든지
5) 돌아가셨다든지 운명하셨다든지

5.
1) 불고기라든지 잡채라든지 김밥 같이 맵지 않은 음식이 인기 있어요.
2) 볶음밥을 한다든지 과일과 같이 주스를 만든다든지 해서 먹여 보세요.
3) 메모하는 습관을 기른다든지 요가나 바둑을 배워 보라든지 하겠어요.
4) 인터넷 강의를 듣는다든지 시간이 날 때마다 개인 수업을 한다든지 하세요.
5) 체중이 줄었다든지 계속 피로하다든지 하는 경우에 그렇지요.

6.
1) 요즘 같아서는 나아지지 않을 것 같다.
2) 지금 같아선 대학에 합격 못할 게 뻔하다.
3) 아까 같아선 출근 못 할 것 같았는데 이제 괜찮아져서 갈 수 있을 것 같다.
4) 이번 주 같아서는 주말 동창회는 못 갈 것 같다.

7.
1) 백번이라도 해 주고 싶은데 마음뿐이네요.
2) 별로 달라질 것 같지 않아요.
3) 푹 쉬고 오고 싶지만 시간이 안 나서요.
4) 끝난 게임이라 생각했는데.

제5과

1.
1) 맏이 2) 차녀 3) 막내 4) 외동 5) 장남

2.
1) 죄책감 2) 거부감 3) 책임감 4) 열등감, 우월감

해답

3.
1) 신중하게 해야 돼요.   2) 꼼꼼하게 확인해.
3) 가족들은 자상한 남편, 자상한 아버지를 좋아하지요.

4.
1) 감기가 하도 안 나아서 큰 병에 걸렸나 했어요.
감기가 하도 안 나아서 큰 병에 걸린 게 아닌가 했어요.
2) 어제 산 생선에서 이상한 냄새가 나서 상했나 했어요.
어제 산 생선에서 이상한 냄새가 나서 상하지 않았나 했어요.
3) 그 도자기가 흠도 없고 너무 깨끗해서 위조품인가 했어요.
그 도자기가 흠도 없고 너무 깨끗해서 위조품이 아닌가 했어요.
4) 유진 씨가 얘기를 잘 안 해서 뭔가 숨기나 했어요.
유진 씨가 얘기를 잘 안 해서 뭔가 숨기는 게 아닌가 했어요.

5.
1) 좀 짠가 해서 (좀 짜지 않은가 해서)
2) 북한산 근처가 싸고 좋지 않을까 해서
3) 잘못 쓰지 않았나 해서
4) 어렵지 않을까

6.
1) 아들이 한심하게 굴어요.
2) 부하 직원이 너무 귀찮게 굴어요.
3) 상대방이 거만하게 굴어요.
4) 동생이 얄밉게 굴어요.
5) 동료가 까다롭게 굴어요.

7.
1) 바보같이 굴지   2) 어린애같이 굴지
3) 애늙은이같이 굴어서   4) 얌체같이 굴어서요.

제6과

1.
1) 멋을 부리기   2) 말썽을 부리네요.   3) 재주를 부려서
4) 어리광을 부렸던   5) 변덕을 부리는지

2.
1) 마음을 먹는데   2) 마음이 상할   3) 마음을 써
4) 마음을 풀고

3.
1) 막상   2) 일일이   3) 굳이

4.
1) 그 사람은 일을 시키면 제시간에 해내는 법이 없습니다.
2) 우리 부서는 회식을 하면 1차에서 끝나는 법이 없습니다.
3) 이 사거리는 통근 시간에 차가 잘 빠지는 법이 없어요.
4) 저는 마트에 장을 보러 가면 계획대로 사는 법이 없어요.
5) 그 학생은 집도 가까운데 매일 지각을 하지 않는 법이 없어요. (일찍 오는 법이 없어요.)

5.
1) 저를 너무 좋아해서 잘 때도 혼자서 자는 법이 없어요.
2) 워낙 기억력이 좋으셔서 뭐든 한번 외우면 잊어버리시는 법이 없어요.
3) 연말에는 하루도 그냥 조용히 지나가는 법이 없다니까.
4) 노래를 좋아해서 마이크를 잡으면 쉽게 놓는 법이 없어요.
5) 저는 의지가 약해서 3일 이상 지속하는 법이 없어요.

6.
1) 아이에게 자기 물건을 스스로 정리하게 함으로써 독립심을 키워 줘야 해요.
2) '박리다매'는 싸게 많이 팖으로써 이윤을 남기는 판매 전략입니다.
3) 도시 주변에 녹지를 조성함으로써 환경오염을 줄일 수 있다.
4) 북한에 당근과 채찍을 같이 사용함으로써 국제사회로 나오게 해야 한다.
5) 연금 제도를 개혁함으로써 복지와 빈곤 문제를 해결하고자 합니다.

7.
1) 최소한의 물건으로 살아감으로써 생활의 습관을 완전히 바꿀 수 있어요.
2) 그런 것도 있고 자신을 낮춤으로써 상대방을 높이는 방법도 있습니다.
3) 체계적인 재활 치료를 함으로써 근력을 키우도록 하고 있습니다.
4) 직접 체험함으로써 문제 발생 시 대처 능력을 길러야 합니다.

복습 (제1과~제6과)

1.
1) 섣불리, 무조건   2) 확, 엄청   3) 마침, 막상
4) 굳이, 일일이

2.
1) 원만해서　2) 느긋해서　3) 털털해　4) 얄밉다
5) 우유부단하게　6) 변덕스러운

3.
1) 그려져 있었어요　2) 믿어지지 않아서
3) 이루어질까요?　4) 깨지지 않을 것 같아요　5) 전해지는

4.
1) 집안의 인테리어를 바꾸는 김에 전자제품도 바꾸려고 해요.
2) 독재자는 반대 세력을 제거함으로써 자신의 권력을 강화시켜 나갔다.
3) 내년에 회사의 수출 지역을 넓히고자 시장 조사를 하고 있다.
4) 두 아이가 많이 다투어서 사이좋게 지내라고 같이 놀 수 있는 장난감을 사 주었어요.
5) 상사에게 회사의 문제점을 말하고야 싶지만 오해를 살까 봐 말을 못해요.

5.
자유 작문

제7과

1.
1) 제법　2) 아예　3) 아예　4) 싹　5) 제법

2.
1) 거창하게　2) 단출하게　3) 막막할　4) 파묻혀(서)

3.
1) 누구나 할 것 없이　2) 언제나 할 것 없이
3) 어디나 할 것 없이

4.
1) 그 게임을 한번 하면 애고 어른이고 할 것 없이 다 빠져 버린다.
2) 다이어트는 밥이고 빵이고 할 것 없이 전부 조금씩 줄여야 합니다.
3) 연휴 때는 놀러 가는 사람이 많아서 기차고 고속버스고 할 것 없이 일찍 매진됩니다.
4) 저는 피부가 예민해서 로션이고 크림이고 할 것 없이 순한 화장품만 사용해야 돼요.
5) 중학생이고 고등학생이고 할 것 없이 학생들의 체육 시간을 늘려야 한다고 생각합니다.

5.
1) 놀이기구고 동물원이고 할 것 없이 사람이 많아서 제대로 못 놀았어요.
2) 문법이고 어휘고 할 것 없이 다 공부하고 외워야 해요.
3) 주식이고 부동산이고 할 것 없이 공부를 많이 하고 시작하는 게 좋아요.
4) 팝이고 재즈고 할 것 없이 음악이라면 가리지 않고 좋아해.
5) 노래고 춤이고 할 것 없이 너무 잘하고 외모도 귀엽잖아.

6.
1) 음식만 조심해서는 나아지지 않을 거예요.
2) 자기 생각대로만 처리해서는 문제를 해결하기 어려워요.
3) 단지 적금만 부어서는 집을 살 수 없을 거예요.
4) 6개월 공부해서는 대학에 입학할 수 없을 거 같은데요.
5) 비누만 바꿔서는 아토피를 치료하기 어려울 걸요.

7.
1) 그렇게 계획 없이 버려서는 제대로 정리하기 어려워요.
2) 우리가 봐서는 알 수가 없으니 전문가에게 맡겨 봅시다.
3) 무턱대고 야단을 쳐서는 버릇을 고칠 수 없어요.
4) CCTV만 설치해서는 범죄를 줄이기 어렵지 않을까?

제8과

1.
1) ①　2) ③　3) ②

2.
1) 꿈꾸며　2) 자유롭게　3) 화려하게　4) 막상　5) 현실
6) 만만치 않았어요　7) 만만하게

3.
1) ④　2) ②　3) ①　4) ③

4.
1) 그 사람이 알고 있는 이상 사실을 숨겨도 결국 모두 알게 될 거야.
2) 부모인 이상 자식에 대한 책임이 없다고 할 수 없어요.
3) 우리가 한 배를 탄 이상 끝까지 서로를 믿고 도와줘야 하지 않을까요?
4) 계약서에 서명한 이상 계약을 이행하지 않으면 위약금을 물어야 합니다.
5) 돈을 일단 보낸 이상 돌려받기가 쉽지 않을 것 같아요.

해답

5.
1) 사장님한테도 보고가 된 이상 그냥 넘어가기는 어려울 것 같아요.
2) 혼자 살기로 한 이상 부모님께 의지하려고 하면 안 돼.
3) 집에 데려온 이상 책임감을 가지고 키워야지.
4) 한번 결정한 이상 자꾸 다른 생각하지 마.

6.
1) 아이들더러 하라고 해도 돼요.
2) 그 많은 걸 나더러 혼자서 하라는 거예요?
3) 누가 너더러 뭐라고 했어?
4) 나더러 도와달라고 하지.
5) 여자 친구더러 솔직하게 결혼하자고 이야기해 보세요.

7.
1) 혼자 사는 건 혼자 사는 거대로 어려움이 있어요.
2) 딱딱한 빵은 딱딱한 빵대로 맛있어요.
3) 긴 머리는 긴 머리대로 짧은 머리는 짧은 머리대로 잘 어울려요.
4) 너는 너대로 알아봐. 나는 나대로 알아볼게.
5) 아파트는 아파트대로 두고 전원주택을 또 산 거래요.

제9과

1.
1) 먹음직하게   2) 믿음직하시겠어요   3) 바람직할

2.
1) 병행하면서   2) 풍성하게   3) 퇴보하는   4) 박차고

3.
1) 사람들이 동시에 예약하려고 하면 인터넷 접속이 어려울 거예요.
2) 연말이라 나도 그런 거 같아.
3) 여행 가서 쓰다 보면 그렇게 될 거예요.

4.
1) 휴가는 산이니 바다니 해도 조용한 곳에서 푹 쉬고 오는 게 최고예요.
2) 남편이 날마다 야근이니 모임이니 하면서 12시가 넘어야 들어와요.
3) 결혼식이니 신혼여행이니 하지만 혼수가 결혼 준비에서 가장 신경 쓰여요.
4) 애완견 중에서는 푸들이니 치와와니 해도 말티즈가 제일 깜찍하고 귀여워요.

5.
1) 복잡하니 불친절하니 해도 남대문 시장에 가 봐야 하지 않아요?
2) 세월이 가느니 안 가느니 해도 지나고 나면 참 빠른 거 같아요.
3) 미우니 고우니 해도 형제가 제일이지요.
4) 그럼요. 어려우니 힘드니 해도 육아는 보람이 있어요.
5) 뭐니 뭐니 해도 건강이 제일 소중하다는 걸 깨달았어요.

6.
1) 저는 대학에서 생명공학을 전공하거든요. 특히 바이오산업에 관심이 많아요.
2) 저희 집에는 딸만 셋이거든요. 그 중에서 제가 막내딸이에요.
3) 그 회사는 화장품 회사거든요. 주로 중국과 동남아시아로 수출을 많이 해요.
4) 내년에 독일에 교환 학생으로 갈 계획이거든요. 거기서 대학원도 알아 볼 거예요.

7.
1) 제가 지난달에 연금보험에 가입했거든요. 이자도 괜찮고 혜택도 많아요.
2) 오늘 아침에 축구 시합이 있었거든요. 제가 두 골이나 넣었어요.
3) 예정일이 2달 후거든요. 1년 육아 휴직을 받으려고요.
4) 쭉 가면 횡단보도가 나오거든요. 길 건너서 왼쪽으로 가시면 돼요.
5) 오늘 아침까지 해야 하는 과제가 있었거든요. 어제 밤을 새워서 그런가 봐요.

제10과

1.
1) 그럴듯하네요   2) 탄탄해서   3) 알아주는   4) 그럴듯하게
5) 웬만한   6) 알아주는   7) 웬만한

2.
1) 무슨 수를 써서라도   2) 별다른 수가 없잖아.
3) 좋은 수가 있을

3.
1) 몇 군데나   2) 군데가 아니에요.   3) 여러 군데

4.
1) 집에 먹을 게 있어야지. 2) 같이 놀 사람이 있어야지요.
3) 마음이 맞아야지. 4) 결혼하고 싶은 생각이 들어야지.
5) 적자가 웬만해야지요.

5.
1) 기차표를 살 수가 있어야지요.
2) 상황이 심각한데 보고만 있을 수가 있어야지요.
3) 혼자서 짐을 다 들고 올 수가 있어야지.
4) 모르는 척할 수가 있어야지.

6.
1) 직접 해 보면 배우는 게 많을 거예요.
2) 적성에 맞지 않으면 일하기 어려워요.
3) 맞춰가면서 해야지요.
4) 그 사람이 의심스러울지라도
5) 어려움이 있을지라도

7.
1) 졌을지라도 (결승에 올라가지 못했을지라도)
2) 도움이 됐으면 좋겠네요.
3) 메달은 따지 못했을지라도 좋은 기량과 가능성을 보여 준 경기였습니다.
4) 당장 꿈을 이루지 못한다고 할지라도 희망을 잃지 않았으면 좋겠어요.
5) 작은 잘못일지라도 그냥 넘어가면 안 된다고 생각해요.

제11과

1.
1) 손재주가 2) 만능재주꾼 3) 소질이, 소질을 4) 글재주가

2.
1) 안목이 없다 2) 생계가 막막하다

3.
1) 엄청 2) 아무렇게나 3) 무작정

4.
1) 자유 작문
2) 자유 작문

5.
1) 오늘 안건이 매우 중요한 일임에도 불구하고(일인데도 불구하고) 회사 간부들이 회의에 불참한 것은 이해할 수 없는 일입니다.
2) 계속 수익이 나지 않음에도 불구하고(않는데도 불구하고) 가게 문을 닫지 못하고 있다.
3) 필요한 조건을 갖추었음에도 불구하고(갖추었는데도 불구하고) 경쟁이 심해서 그런지 불합격했다.
4) 국민들의 비난 여론에도 불구하고 정부는 정책을 바꾸지 않았습니다.

6.
1) 좋은 결과가 나오지 않았습니다.
2) 주었음에도 불구하고 달라진 게 없잖아요.
3) 권유에도 불구하고 본인이 사양을 하셨대요.
4) 나이가 그렇게 많음에도 불구하고
5) 비가 엄청 쏟아졌음에도 불구하고

7.
1) 이번 태풍으로 인해 전국적으로 큰 피해가 발생했습니다.
2) 지구 온난화로 인해 북극과 남극의 얼음이 녹으면서 해수면이 상승합니다.
3) 현지 사정으로 인해 여행 일정이 변경될 수 있습니다.
4) 본인의 과실로 인한 사고에 대해서는 저희가 책임지지 않습니다.
5) 안전벨트 미착용으로 인해 인명 피해가 생길 수 있으니까 꼭 착용하세요.

8.
1) 자동차 배기가스로 인해 대기 오염이 심각한 수준에 이르렀다.
2) 패스트푸드 중심의 식생활과 운동 부족으로 인해 소아 비만과 당뇨가 늘고 있다.
3) 자연재해로 인한 피해에 대해서는 보험사가 책임을 지지 않는다.
4) 신용 카드를 너무 많이 사용함으로 인해 가정 경제에 부담이 되고 있다.

제12과

1.
1) 사업에 실패한 후 집안에 틀어박혀서 괴로운 시간을 보내고 있습니다.
2) 증가하는 범죄 사건에 대처하기 위해 경찰 수를 늘리겠다고 합니다.

해답

3) 신제품의 잦은 고장으로 인해 소비자들의 불만이 늘고 있습니다.
4) 집을 나간 강아지를 찾아 헤매다가 지쳐서 돌아왔어요.
5) 그는 정치인으로서 국가의 위기를 지혜롭게 극복하는 방법을 생각하고 있다.

2.
1) 눈치를 보는   2) 눈치를 보는   3) 눈치가 없는
4) 눈치가 빠른   5) 눈치를 채지   6) 눈치가 보여서   7) 눈치껏

3.
자유 작문

4.
1) 자기 책이라고 가져갔어요.
2) 덥다고 에어컨을 켰어요.
3) 지훈이가 생선을 안 먹는다고 모임 장소를 삼겹살집으로 했어요.

5.
1) 숙제를 잘했다고, 친구를 잘 도와준다고
2) 장난을 많이 친다고, 수업 시간에 과자를 먹는다고, 떠든다고
3) 몸이 안 좋다고, 할머니가 돌아가셨다고, 가족 여행을 가야 한다고
4) 가야 할 데가 있다고, 독감에 걸린 것 같다고, 열이 많이 난다고

6.
1) 여자라고, 대학을 안 나왔다고
2) 싫다고, 바쁘다고
3) 일을 잘했다고, 성과가 좋다고
4) 적성에 안 맞는다고, 상사가 일을 많이 시킨다고

7.
1) 동생이 전에는 안 그러더니 요즘은 술도 마시고 친구들과 늦게까지 어울려요.
2) 룸메이트가 요즘 집에 매일같이 늦게 들어오더니 오늘은 아예 안 들어온다고 하는 거 있죠?
3) 딸이 요리를 굳이 자기 혼자 하겠다고 하더니 망쳐 버렸어요.

8.
1) 오후에는 거짓말같이 개었어요. (비가 진짜 많이 오네요.)
2) 마음을 잡고 열심히 공부해요. (엄청 좌절한 것 같아요.)
3) 하반기에는 조금씩 늘고 있습니다. (하반기에 적자가 심해져서 문을 닫고 말았습니다.)

4) 새벽에야 겨우 잠들었어요. (열이 39도까지 올라갔어요.)
5) 아직껏 연락이 없네요. (공항에서 전화를 한 거 있죠?)

9.
1) 아까 밥을 너무 급하게 먹더니 체한 거 아니야?
2) 해결이 안 될 것 같다고 하더니 어떻게 해결된 거야?
3) 내가 무리하지 말라고 해도 말을 안 듣더니 몸살이 났구나.

복습 (제7과~제12과)

1.
1) 비록   2) 하긴   3) 아예   4) 싹   5) 쭉   6) 제법
7) 절대로   8) 아무렇게나

2.
1) 퇴보할   2) 지혜롭게   3) 쓸모없어지는   4) 탄탄한
5) 화려한   6) 막막한

3.
1) 이웃 마을로 일을 하러 가시더니 밤이 되어도 돌아오시지 않았습니다.
2) 호랑이가 어머니를 잡아먹더니 아이들까지 해치려고 집으로 찾아 왔습니다.
3) 처음에는 아이들이 속지 않더니 나중에는 문을 열어 주었습니다.

4.
1) 혼자 사는 가구가 증가함으로 인해 작은 평수의 오피스텔 수요가 늘고 있습니다.
2) 북한과 경제 협력을 하게 되면 어려움이 많을지라도 포기해선 안 됩니다.
3) 금년에는 자금과 인력이 부족했음에도 불구하고 전 직원이 힘을 합쳐 좋은 성과를 냈습니다.
4) 제가 중국어를 잘한다고 사장님이 중국 업체와의 연락 업무를 맡겼습니다.
5) 경기가 끝난 이상 승패에 대해 너무 생각하지 마세요.
6) 지금까지의 생활 패턴을 고집해서는(고집하는 이상) 환경 오염을 줄일 수 없습니다.

제13과

1.
1) 추월합시다 2) 무단횡단하면 3) 제한속도
4) 범칙금 5) 음주운전 6) 과속하지

2.
1) 범칙금을 내야 2) 성적을 내야 3) 소문을 냈는지
4) 맛을 내기가 5) 흉내를 내서 6) 모양을 내고

3.
1) 서류를 옆에 두고도 2) 대학을 졸업하고도
3) 담배를 끊으라는 말을 듣고도 4) 무대에서 창피를 당하고도
5) 잘못된 행동을 하고도 6) 도와주고도

4.
1) 몇 번이나 가고도 이름을 잊어버렸단 말이에요?
2) 10명이 먹고도 남을 정도로 많이 준비했군요.
3) 그렇게 다치고도 또 오토바이를 탄다고?
4) 게임을 한 시간을 하고도 더 하고 싶다는 거야?

5.
1) 어디 눈뿐이겠어?
2) 어디 성격뿐이겠어?
3) 인사동이나 홍대 근처 같은 데에도 볼거리가 많아요.
4) 어디 전자 제품뿐이겠어? 가구며 그릇이며 준비할 게 너무 많아.

6.
1) 어디 다리뿐이겠어요? 온몸이 아프지 않은 데가 없어요. 온몸이 다 아파요.
2) 어디 김치볶음밥뿐이겠어요? 김치전이나 김치찌개도 맛있어요.
3) 어디 발음뿐이겠어요? 문법이나 단어 외우기도 너무 어려워요.
4) 어디 회의할 때뿐이겠어요? 업무 시간에도 계속 분위기가 안 좋아요.

제14과

1.
1) 신뢰를 깨뜨리는
2) 딱딱하게
3) 죄의식이 없어진
4) 기발한

2.
1) 속이고, 속아서 2) 숨었는데, 숨겨

3.
자유 작문

4.
1) 몸살기가 있어서 약을 먹고 잤더니 오늘은 좀 나은 것 같다.
   몸살기가 있어서 약을 먹고 잤더니 지금 못 일어나겠다.
2) 황 팀장에게 새 프로젝트를 맡으라고 했더니 아무 말도 없던데요.
   황 팀장에게 새 프로젝트를 맡으라고 했더니 좋아하는 눈치던데요.
3) 어제 크리스한테 문자를 보냈더니 10분도 안 돼 답장이 오더라.
   어제 크리스한테 문자를 보냈더니 3시간이 지나서야 연락이 오는 거야.

5.
1) 어제 술을 많이 마셨더니 속이 아파서 밥을 못 먹겠어요.
2) 한국에 가겠다고 했더니 처음에는 의아해했어요.
3) 제가 부탁을 했더니 한마디로 거절하던데요.
4) 몇 군데 알아봤더니 다음 달 예약이 거의 끝났다고 하더라고.
5) 참기름과 참깨를 넣었더니 훨씬 맛있어졌어요.

6.
1) 쌍둥이라고 해서 다 똑같이 생기지는 않았어요.
2) 한국 사람이라고 해서 한국에 대해 잘 아는 것은 아니에요.
3) 키가 크다고 해서 다 농구를 잘하는 것은 아니에요.
4) 말을 안 한다고 해서 불만이 없는 건 아니에요.

7.
1) TV 광고에 많이 나온다고 해서 모두 제품의 질이 좋은 건 아니에요.
2) 형제 없이 혼자 자랐다고 해서 다 이기주의자는 아니야.
3) 굶는다고 해서 살이 빠지는 건 아니니까 무조건 굶지 마.
4) 한국 사람이라고 해서 다 매운 음식을 좋아하는 건 아니에요.
5) 얼굴이 잘 생기지 않았다고 해서 배우가 될 수 없는 건 아니에요. (배우라고 해서 모두 잘생겨야 하는 건 아니에요.)
6) 솔직하게 말한다고 해서 반드시 이해해 주는 건 아닐지도 몰라요.

해답

제15과

1.
1) 결제했어요   2) 폐쇄됐어요   3) 저렴하게
4) 지연된대요   5) 배상해야

2.
1) 회원 가입을   2) 개인 정보를   3) 환불 규정   4) 장바구니
5) 사용 후기를   6) 무이자 할부가

3.
1) 치다, 사기꾼   2) 훔치다, 맞다   3) 당하다

4.
1) 학교 다닐 때가 제일 좋았던 것 같아요. (공부하지 않은 게 후회가 돼요.)
2) 건강의 소중함을 깨닫게 됐어요.
3) 왜 그런 행동을 했는지 이해가 되더라고요.
4) 이 세상에 믿을 사람이 하나도 없다는 생각이 들었어요.
5) 집에 비슷한 물건이 있었어요. (생각했던 거랑 너무 달랐어요.)

5.
1) 날짜를 정하고 보니   2) 편지를 보내고 보니
3) 말하고 보니   4) 분실 신고를 하고 보니
5) 저하고 같은 고등학교를 졸업했더라고요.
6) 오늘 예쁘게 차려 입고 왔네요.
7) 이해가 되네요.

6.
1) 내일 시험 잘 보기는 틀렸어요.
2) 살 빼기는 다 틀렸어요. (다이어트하기는 틀렸어요.)
3) 맛있게 회를 먹기는 틀린 것 같아요.
4) 이렇게 비가 오니 체육대회를 하기는 틀렸어요.
5) 오늘 자기는 다 틀렸네.

7.
1) 우리가 이기기는 틀린 것 같아요.
2) 설득하기는 틀렸어요. (마음을 바꾸기는 틀렸어요.)
3) 보너스 받기는 다 틀렸어요.
4) 이번 시험에 합격하기는 다 틀렸어요.
5) 일을 끝내기는 틀린 것 같아요.

제16과

1.
1) 걸려   2) 어엿한   3) 아무렇지 않은   4) 괜한
5) 못마땅해서

2.
1) 형편이 어려운   2) 형편없었어   3) 형편없이

3.
1) 남자가 꼭 먼저 사과해야 한다는 법이 어디 있어요?
2) 고3이라고 12시 전에 잠을 자면 안 된다는 법이 어디 있어요?
3) 계약을 하고 이렇게 갑자기 취소하는 법이 어디 있어요?
4) 갑자기 월세를 10%나 올리는 법이 어디 있어요?

4.
1) 가 : 남자아이한테 분홍색 인형은 안 어울리니까 사 주지 말아요.
   나 : 남자아이라고 분홍색 인형을 가지고 놀지 말라는 법이 어디 있어요?
2) 가 : 나이 차이가 10살 이상 나면 결혼 안 하는 게 좋아요.
   나 : 나이 차이가 많이 난다고 해서 결혼하면 안 된다는 법이 어디 있어요?
3) 가 : 되도록이면 오른손을 사용하는 것이 좋아요.
   나 : 오른손을 사용하는 게 좋다는 법이 어디 있어요?

5.
1) 한창 경기 좋을 때만은 못한 것 같아요.
2) 소고기를 넣은 것만 못해요.
3) 온돌만 못한 것 같다.
4) 동생이 형만 못해요.

6.
1) 중학교 때 성적이 고등학교 때 성적만 못해요.
2) 지금 직장이 전에 다니던 직장만 못합니다.
3) 시장 물건이 백화점 물건만은 못하지요.
4) 기계로 만든 것이 손으로 만든 것만 못한 것 같아요.

7.
1) 밖에서 사 먹는 음식이 집에서 해 먹는 음식만 못한 것 같아요.
2) 건강이 많이 회복됐지만 그래도 젊을 때만 못하지요.
3) 아빠가 해 준 음식이 엄마가 해 준 것만 못하지만 그래도 먹을 만해요.
4) 눈 화장을 한 게 안 한 것만 못한 거 같아요.

제17과

1.
괴짜 : 보통 사람과 달리 이상한 짓을 잘하는 사람
덕후 : 어떤 분야에 몰두해서 마니아 이상의 열정과 흥미를 가지고 있는 사람

2.
1) 벗어나거나 2) 몰두하고, 몰두하다 3) 희한한 4) 제쳐
5) 녹여, 녹았어

3.
자유 작문

4.
1) 오늘 공연은 '라라밴드'의 독무대였다고 해도 과언이 아니다.
2) 유아기 때의 환경이 그 사람의 성격을 결정한다고 해도 과언이 아니다.
3) 그 일이 이루어져서 평생의 소원을 성취했다고 해도 과언이 아니다.
4) 야구 경기의 승패는 감독의 능력에 달려 있다고 해도 과언이 아니다.
5) 윤 비서가 사장의 오른팔이라고 해도 과언이 아니다.

5.
1) 현재 이 공장에서는 휴대폰의 액정을 비롯한(비롯해서) 여러 가지 부품들이 생산되고 있습니다.
2) 미국을 비롯한(비롯해서) 필리핀, 베트남 등 동남아시아의 여러 나라에 해외지사가 있습니다.
3) 교통 요금을 비롯한(비롯해서) 공공요금이 전부 인상되었습니다.
4) 수술을 담당한 의사를 비롯해서(비롯한) 관계된 의료진 전원이 기자 회견에 참석할 예정입니다.

6.
1) 이 근처만 해도 곳곳에 설치된 CCTV가 10대가 넘을 거예요.
2) 우리 학교만 해도 결석한 아이들이 한 반에 3~4명씩 돼요.
3) 내 친구들만 해도 아이가 없어도 된다고 생각하는 사람이 많아.

7.
1) 1970년대까지만 해도 이 일대가 서울의 중심이었다.
   1980년대까지만 해도 그 배우의 인기가 하늘을 찌를 것 같더니 이제는 알아 주는 사람이 없다.
2) 4~5년 전까지만 해도 몸무게가 60kg을 넘은 적이 없었다.
   작년까지만 해도 감기 한 번 안 걸릴 정도로 건강했다.

3) 휴대폰이 처음 나왔을 때만 해도 이렇게 아이들까지 쓰게 될 거라고는 예상 못했다.
   그 가수가 처음 TV에 나왔을 때만 해도 세계적인 스타가 될 줄 아무도 몰랐다.

제18과

1.
1) 억지로 공부를 시키면 역효과가 날 수 있어요. (대학에 보내는 걸 억지로 어떻게 해요?)
2) 도대체 왜 갑자기 헤어지자고 하는 거야?
3) 좀 더 철저히 조사를 해 봐야 하지 않을까요?
4) 30분 삶으면 안 되고 한참 더 해야 될 거예요.

2.
1) 탐험을 2) 철저히 3) 한참을 4) 도대체 5) 한계를
6) 극복해

3.
배운 것이나 아는 것이 많고 교양이 있는 사람일수록 다른 사람 앞에서 자신을 내세우거나 자랑하지 않고 겸손한 태도를 취한다는 의미

4.
1) 윗사람들이 먼저 바뀌지 않는 한
2) 큰 변수가 생기지 않는 한
3) 달러 환율이 지금 상태로 지속되는 한
4) 티파니가 밴드에 계속 있는 한
5) 회사의 공식적인 사과가 없는 한 (회사가 공식적인 사과를 하지 않는 한)

5.
1) 열심히 해 보겠습니다. (최선을 다해서 도와 드리겠습니다.)
2) 세상이 좋아지리라고 생각합니다. (희망이 있습니다.)
3) 계속 고장이 날 것 같습니다. (근본적 문제 해결은 되지 않을 겁니다.)
4) 저는 도전을 멈추지 않을 겁니다. (인간의 도전은 계속될 겁니다.)
5) 핵무기가 있는 한 (자국의 이익만을 생각하는 한)

6.
1) 강 사장님은 주위의 반대를 무릅쓰고 새로운 사업을 시작해서 놀라운 성과를 얻고 있습니다.
2) 실패를 무릅쓰고 모험을 해야 발전이 있다고 생각합니다.

해답

3) 마라톤의 이용수 선수는 온갖 악조건을 무릅쓰고 노력한 끝에 올림픽 메달을 따 냈습니다.
4) 유남길 씨는 보트로 태평양 횡단에 도전해서 추위와 비바람을 무릅쓰고 항해를 계속했습니다.

7.

1) 군것질을 해 버릇해서
2) 한국말을 안 써 버릇해서(영어만)
3) 차만 타 버릇하면 살이 찌니까 운동을 해야 돼. (걸어다녀 버릇해.)
4) 늦게 자 버릇하면
5) 오른손만 써 버릇해서 그런 거니까 자주 스트레칭이라도 해.

복습 (제13과~제18과)

1.

1) 되레   2) 어차피, 억지로   3) 억지로   4) 철저히   5) 도대체

2.

1) 만 해도   2) 만은 못해도   3) 알고도
4) 틀렸어요   5) 찌더니, 쪘는데   6) 물어봤더니, 물어보니까
7) 물어보더니   8) 물어보니까, 물어봤더니, 물어봤는데

3.

1) 제 친구는 사기꾼한테 속아서 전 재산을 날리고도 아직도 정신을 못 차린 것 같아요.
2) 30주년 공연을 잘 마치고 보니 '그동안 제가 너무 큰 사랑을 제가 받았구나.' 하는 걸 느끼게 되네요.
3) 화력 발전이나 자동차 배기가스를 줄이지 않는 한 미세먼지는 사라지지 않습니다.
4) 옛날부터 명절 때 혼자 지내 버릇해서 그런지 특별히 외롭다는 생각은 들지 않아요.
5) 어제도 야근을 했는데 공장장이 오늘 또 추가 작업을 시켜서 일찍 퇴근하기는 다 틀렸다.

4.

1) 녹이세요, 녹으면   2) 대접하면, 대접받을
3) 속였대요, 속았다니   4) 지연되는, 환불해, 환불받았어요.
5) 처벌받는, 처벌하는

제19과

1.

1) 우려하는   2) 적응하며   3) 참신한   4) 놓친

2.

1) 아껴서   2) 아깝게   3) 아끼는, 아까워요   4) 아끼고

3.

1) 점수를   2) 창의력(개성)을   3) 인재가   4) 개성이
5) 조직사회   6) 고정관념

4.

1) 복권에 당첨되리라고는
2) 새해에는 담배를 끊으리라고 (꼭 금연에 성공하리라고)
3) 지구 온난화로 북극의 얼음이 녹아서 기후 변화가 심각해지리라고
4) 당분간 물가가 계속 오르리라고 (당분간 물가가 떨어지지 않으리라고)
5) 환자가 조만간 퇴원이 가능하리라고 (환자 상태가 좋아져서 조만간 퇴원할 수 있으리라고)

5.

1) 한국에 오기 전에는 한국말을 공부하게 되리라고 생각도 못 했어요.
2) 10년 안에 우주여행이 가능하리라고 생각해요.
3) 제가 이런 상을 받게 되리라고는 전혀 생각하지 못했습니다.
4) 환경 단체가 많이 반대하리라고 예상하고 있습니다.
5) 충분히 잘해 내리라고 생각하니까 한번 해 보십시오.

6.

1) 오래된 이 집을 수리하느니 차라리 새로 짓는 게 더 쉬울 거예요.
2) 자존심을 버리면서 일하느니 차라리 회사를 그만두는 게 나을 것 같아요.
3) 배부른 돼지가 되느니 배고픈 소크라테스가 되는 게 낫겠다.
4) 다른 사람에게 부탁하느니 힘들어도 혼자 하는 게 더 마음 편해요.
5) 앓느니 죽는 게 낫다는 말은 어떤 경우에 하는 말인가요?

7.

1) 농산물 산지까지 가느니 비싸도 근처 슈퍼에서 그냥 살래요.
2) 수술 받느니 그래도 재활 치료가 낫지 않아요?
3) 15만 원을 주고 고치느니 차라리 새로 사세요. (새로 사는 게 낫겠어요.)

4) 벌레 먹은 사과를 사느니 좀 비싸도 좋은 걸 사는 게 어때?

제20과

1.
1) 떼를 쓰는데   2) 일률적으로   3) 오냐오냐하면서
4) 고려해야

2.
1) 차라리   2) 도무지   3) 툭하면

3.
1) 눈에 띄다   2) 눈에 선하다   3) 눈에 불을 켜다
4) 눈에 거슬리다   5) 눈 밖에 나다

4.
1) 놀려 대서   2) 짖어 대는지   3) 졸라 대서   4) 두드려 대도
5) 지적해 대니까   6) 피워 댔는데   7) 울려 대는데도

5.
1) 술만 마셔 대고   2) 옆에서 소리를 질러 대는
3) 울어 대고, 떼를 써 대니까

6.
1) 요즘 정신이 없어서 약속을 잊어버리기 일쑤예요.
2) 회사 일이 많아서 퇴근 시간을 넘기기 일쑤입니다.
3) 요즘 피곤해서 지하철에서 졸다가 내릴 역을 지나치기 일쑤예요.
4) 친구가 쌍둥이인데 너무 똑같아서 헷갈리기 일쑤예요.
5) 후배가 입만 열면 거짓말을 하기 일쑤예요.

7.
1) 덜렁대서 빠뜨리거나 잃어버리기 일쑤예요.
2) 요즘 젊은 사원들은 조금만 마음에 안 맞아도 그만두기 일쑤라서
3) 툭하면 지각하기 일쑤라서
4) 발음이 잘 안 될 때가 많고 문법도 틀리기 일쑤인데요.

제21과

1.
1) 기분   2) 속   3) 얼굴   4) 몸

2.
1) 짜증스러운 말투   2) 냉정한 말투   3) 차분한 말투
4) 건방진 말투

3.
1) 적극적, 소극적   2) 앞당기거나, 미뤄야
3) 확신이 선다면, 흔들리거나, 망설이고

4.
1) 어떤 환경에 적응할 수 있는지 없는지는 사람의 성격 나름이에요.
2) 단어나 문법을 연습하는 방법 등은 교과서 나름이에요.
3) 음식의 맛은 요리하기 나름이에요.
4) 무슨 일이든지 생각하기 나름인 것 같아요.
5) 사람들은 모두 나름대로 자기만의 걱정이 있을 거라고 생각해요.
6) 자동차마다 나름대로 다른 디자인과 기능이 있습니다.

5.
1) 휴대폰 나름이에요. 비싼 것도 있고, 싼 것도 있어요.
2) 듣기 나름인 것 같아요. 너무 기분 나쁘게 생각하지 마세요.

6.
1) 옆집 할아버지는 80세 노인치고 굉장히 건강하시고 청년 같아요.
2) 제 친구가 1년 배운 거치고는 테니스를 잘 쳐요.
3) 삼촌이 수술 받은 사람치고 얼굴이 좋아 보여서 안심했어요.
4) 3년 된 중고 자동차치고는 성능이 나쁘지 않은 거 같아요.
5) 20평짜리 아파트치고 실내 구조도 좋고 꽤 넓어 보였어요.

7.
1) 처음 한 거치고
2) 백화점에서 산 거치고는 싸네요.
3) 이 정도면 떡볶이치고 안 매운 거지.
4) 혼자서 공부한 사람치고 문법도 정확하더라고요.
5) 아이스크림치고 달지 않으면서 맛있어요.

해답

제22과

1.
1) 그 남자는 이마가 넓어서 시원스러워 보이는 얼굴이다.
2) 그 배우는 눈썹이 진해서 강해 보인다.
3) 한국에서는 쌍꺼풀이 있는 눈을 예쁘다고 생각하는 것 같다.
4) 내 친구는 코가 오똑하고 복스럽게 생겼다.
5) 입술이 얇아서 도톰하게 보이려고 연한 립스틱을 바른다.
6) 우리 엄마는 얼굴형이 갸름한 미인 형이다.

2.
1) 아버지를 닮았네요
2) 이목구비가 뚜렷하고, 훤칠하고, 선남선녀
3) 첫인상

3.
1), 2), 4), 5)

4.
1) 나보고는 일찍 오라면서?
2) 회사에 불만이 없다면서요? 왜 그만둔다는 거예요?
3) 음식을 조금밖에 안 차렸다면서요?
4) 술을 섞어 마시면 좋지 않다면서?
5) 매운 거 못 먹는다면서?

5.
1) 빅뱅의 팬이라면서요?   2) 돈이 없다면서?
3) 그 사람에 대해서 잘 안다면서?   4) 담배 끊었다면서?
5) 현수랑 싸워서 안 만난다면서?

6.
1) 사람의 겉모습만 보다가는 진짜 중요한 건 못 볼 수가 있어요.
2) 그렇게 자기중심적으로 행동하다가는 친구가 한 명도 옆에 없을 거야.
3) 이렇게 운전하면서 딴짓하다가는 큰 사고가 날 수도 있어.
4) 물건을 함부로 쓰다가는 얼마 못 가서 고장 나기 쉬워요.
5) 계속 나쁜 짓을 하다가는 언젠가 꼬리가 잡힐 수 있어요.

7.
1) 젊을 때 생각 없이 살다가는 나이 들어서 고생한다고요.
2) 조금 더 있다가는 얼어 죽을 것 같아.
3) 이러다가는 문 닫아야 할 것 같아요.
4) 쉬지 않고 일하다가는 병나요.
5) 이렇게 연습을 안 하다가는 아무리 약한 팀이라도 우리가 질 지도 몰라.

제23과

1.
1) ①   2) ④   3) ⑤   4) ②   5) ③

2.
1) 풀고, 풀어서, 풀기   2) 당기세요, 당긴다고, 당길까
3) 잡기가, 잡고, 잡아   4) 펴고, 펴고, 펼

3.
1) 음식이 모자라지 않을까 싶어요.
2) 그 사람이 저에 대해 오해를 하고 있지 않나 싶어요.
3) 인터넷과 관련된 직업이 전망이 밝지 않은가 싶어요.
4) 내장 비만의 원인은 잘못된 식습관과 운동 부족이 아닌가 싶어요.

4.
1) 돼지꿈을 꾸었을 때 당첨되지 않을까 싶어서 사 본 적이 있어요.
2) 제가 한 말을 이해 못하지 않았나 싶어서 다시 설명해 주었어요.
3) 저도 영철 씨가 알지 않을까 싶어서 물어봤는데 모른대요.
4) 위장에 문제가 있지 않나 싶어서 검사하러 병원에 갔어요.
5) 색이 너무 화려하지 않은가 싶어서 망설이고 있어요.

5.
1) 승진도 하고 아이도 대학에 합격한 마당에 한턱을 안 내면 언제 내겠어?
2) 잠잘 시간도 없는 마당에 운동할 여유가 어디 있겠어요?
3) 회사가 망하게 생긴 마당에 보너스를 달라니요?
4) 복권에 당첨된 마당에 점심 정도 못 사 드리겠어요?
5) 생활비도 모자라는 마당에 해외여행은 꿈도 못 꿔요.

6.
1) 제 몸이 안 좋아서 힘든 마당에 부모님까지 편찮으시다고 하네요.
2) 발등에 불이 떨어진 마당에 어디를 놀러 가?
3) 회사를 그만두는 마당에 할 말은 하고 나가야 할 것 같아서요.
4) 몇 십년간 연락을 끊고 지낸 마당에 부탁을 하라고? 난 못해.
5) 너도 시험을 못 본 마당에 남 걱정까지 하니?

제24과

1.
이 테이블은 동그랗고 다리가 4개이고 다리 길이는 25cm, 상판의 두께는 7cm, 전체 높이는 32cm입니다.
이 가방은 직사각형 모양이고, 줄무늬 가방이에요. 두 개의 짧은 손잡이와 함께 긴 끈이 있어서 어깨에 멜 수도 있고, 수납공간도 많은 편이에요.

2.
1) 부드러워요   2) 거칠어졌어요   3) 세련됐어요
4) 고급스러워

3.
1) 나왔는지   2) 들고   3) 들어서   4) 잡혀   5) 들어서
6) 들지   7) 나오던데요   8) 잡히면

3.
1) 월급이 적지는 않지만 하는 일에 비해서는 좀 적은 감이 있어요.
2) 영화가 전반부는 재미있는데 후반부는 좀 지루한 감이 있지 않아요?
3) 아직 중학생인데 외국에 유학을 보내기에는 이른 감이 있어요.
4) 만두전골을 할 건데 채소가 좀 부족한 감이 있네요.
5) 김 대리가 잘못은 했지만 부장님 말씀도 좀 지나친 감이 있어요.

4.
1) 특별히 문제는 없는데 거실이 작은 감이 있어서 망설이고 있어.
2) 분위기는 좋지만 좀 비싼 감이 있으니까 잘 생각해 보세요.
3) 좀 긴 감이 있긴 한데 멋쟁이 같아 보이네요.
4) 억양이 약간 어색한 감이 있긴 하지만 거의 한국 사람 수준이에요.

5.
1) 날씨가 아주 맑다면 몰라도 이 전망대에서 저쪽 섬은 잘 안 보여요.
2) 월급을 2배로 준다면 몰라도 지금 다니는 회사를 옮기고 싶지 않아요.
3) 완전 초보자라면 몰라도 이 정도는 금방 따라 할 수 있어요.
4) 아주 멀리 산다면 몰라도 부모님을 1년에 한 번밖에 안 뵙는다고요?
5) 약속을 했다면 몰라도 사장님을 오늘 만나기는 어려울 거예요.

6.

1) 일하지 않고 공부만 하신다면 몰라도 어려울 거예요.
2) 매운 걸 아주 좋아하는 사람이라면 몰라도 매울걸요.
3) 친구가 없다면 몰라도 왜 도와달라고 하지 않았어요?
4) 일상회화라면 몰라도 회의 통역은 자신없어요.

복습 (제19과~제24과)

1.
1) 도무지   2) 슬슬   3) 툭하면   4) 그나저나   5) 딱
6) 차라리

2.
1) 무난한, 튀는   2) 뚜렷하고, 훤칠한   3) 뻐근해지고, 주물러

3.
1) 고정관념이   2) 떼를 쓸   3) 심상치 않은   4) 혼란스러워서

4.
1) 부탁하느니   2) 떨어진 게 아닌가 싶어요.   3) 울어 대서
4) 끊었다면서요?   5) 못 받는 마당에

5.
1) 집수리를 하느니 차라리 이사를 하는 게 낫겠어요.
2) 학생 때 몸이 약해서 결석을 하기 일쑤였어요.
3) 이 식당은 꽤 알려진 맛집치고는 음식 맛도 서비스도 별로 특색이 없어요.
4) 제가 생각하기에 영준 씨 말이 좀 지나친 감이 있어요.
5) 여행 비용은 계획을 세우기 나름입니다.
6) 일주일에 한 번쯤이라면 몰라도 세 번 이상 운동하는 건 무리예요.

6.
자유 작문

제25과

1.
1) 기온이   2) 찜통더위가   3) 장마로   4) 습도가   5) 열대야가
6) 배탈이 난

2.
1) 타서   2) 닿지   3) 탔다고   4) 탄다고   5) 닿아서

해답

3.
1) 멍한 2) 입가심 3) 이열치열 4) 배기지

4.
1) 마이크를 놓지 않는다. (몇 곡씩 부른다.)
2) 끊기가 어렵다.
3) 그날부터 식당 예약이 하늘의 별 따기다.
4) 한번 나갔다 하면
5) 시작했다 하면

5.
1) 식성이 좋아서 밥을 먹었다 하면 항상 두 공기는 먹어요.
2) 제 짝은 시험만 봤다 하면 전교 1등이에요.
3) 그 작가는 책을 썼다 하면 베스트셀러가 돼요.
4) 평소에 온순했던 남자들도 자동차 핸들만 잡았다 하면 성격이 돌변해요.
5) 제 친구들은 모였다 하면 언제나 한두 시간씩 수다를 떨어요.

6.
1) 야단치나마나예요.
2) 신어 보나마나예요.
3) 보나마나예요.
4) 넣으나마나예요.
5) 메모하나마나예요.

7.
1) 가 보나마나 2) 보나마나
3) 들어 보나마나 4) 먹어 보나마나
5) 내가 잘해 주나마나

제26과

1.
1) 제대로 2) 제때 3) 제값을 4) 제맛 5) 제자리

2.
1) 내렸다 2) 떨어졌으니 3) 내려야 4) 떨어져

3.
1) 한파주의보가 2) 뚝 3) 얼어 4) 빙판길이 5) 풀릴

4.
1) 소리가 들릴 듯 말 듯해요.
2) 보일 듯 말 듯해요.
3) 기억이 날 듯 말 듯해요.
4) 알 듯 말 듯한 (이해할 듯 말 듯한)
5) 바닥에 닿을 듯 말 듯한

5.
1) 승낙할 듯 말 듯 2) 말할 듯 말 듯
3) 보일 듯 말 듯 4) 성사될 듯 말 듯 5) 잡힐 듯 말 듯

6.
1) 대기업들마저 안 좋다고 합니다.
2) 동료마저 등을 돌렸대요.
3) 식수마저 끊겨서 상황이 아주 안 좋습니다.
4) 원금마저 까먹었어요.
5) 가구마저 얼마 전 마을을 떠났습니다.

7.
1) (정리 못한 이삿짐을) 마저 정리해야 돼요.
2) 마저 하고 싶어요.
3) 마저 하고 퇴근하겠습니다.
4) 마저 넣고 끓이시면 돼요.
5) 마저 비우고

제27과

1.
1) 한창 2) 한낮 3) 한밤중 4) 한복판

2.
1) 발등에 불이 떨어졌다고 2) 발이 넓다고
3) 발 벗고 나선다고 4) 발이 묶였다고
5) 발 없는 말이 천 리 간다고

3.
1) 덕을 보았다 2) 고온다습한
3) 이왕이면 4) 폭설로

4.
1) 술이 한잔 들어가자 말이 많아지기 시작했다.
2) 뜨거운 찜질을 하자 뻐근하던 목 주위가 시원해졌다.
3) 그 가수의 음반이 발매되자 정신없이 팔려 나갔다.
4) 은행 금리가 내리자 집을 구입하는 사람들이 많아졌다.
5) 연말연시가 되자 이런저런 술자리가 이어졌다.

5.
1) 날씨가 풀리자
2) 다른 한 사람도 한 걸음 양보했다고 합니다.
3) 공연이 끝나자
4) 어머니가 돌아가시자
5) 사연이 알려지자 (그 방송이 나가자)

6.
1) 연락도 없다고 합니다.
2) 수술을 하는 바람에 심각한 후유증에 시달리고 있어요.
3) 문을 잠근 채
4) 고개를 숙인 채
5) 말도 꺼내 보지 못한 채

7.
1) 범인을 못 잡은 채
2) 앉은 채로 잠이 들었어.
3) 깁스를 한 채 출근하고 있어요.
4) 아직 보상도 못 받은 채
5) 유언도 남기시지 못한 채 눈을 감으셨습니다.

제28과

1.
1) 대결하려, 경쟁이, 협력하지
2) 이성적, 감성적
3) 판단, 창의력, 고유

2.
자유 작문

3.
1) 가만히 있어도 자연히 해결될 일을 가지고 왜 시끄럽게 하는지 모르겠어요.
2) 다 끝난 일을 가지고 다시 문제를 삼지 않는 게 좋아요.
3) 별일도 아닌 것을 가지고 왜 자랑을 하는지 모르겠어요.
4) 일어나지도 않을 일을 가지고 괜한 걱정을 하지 마세요.

4.
1) 가지고 놀라고 그래? 전통 음식도 만들었는데.
2) 한 개 틀린 거 가지고 뭘 그래? 얼마나 많이 틀렸다고.
3) 일 좀 못한 거 가지고 너무 그러지 마.
4) 10분 늦은 거 가지고 2시간 훈련을 더 하라니 너무해요.

5.
1) 설마 로봇이 인간을 지배하게 되려고요.
2) 설마 수도가 얼려고요.
3) 설마 김밥 10줄을 혼자 다 먹었으려고요.
4) 설마 안 했으려고.

6.
설마 돈을 훔쳐 가는 건 아니겠지?
설마 돈을 훔쳐 가야 하겠어?
설마 돈을 훔쳐 가리라고는 꿈에도 생각을 못 했어.
설마 돈을 훔쳐 갈 줄이야.

제29과

1.
1) 맞는지, 맞는지, 맞춰   2) 잠그지, 잠겨
3) 잠근, 잠겨   4) 맞아서, 맞춰, 맞는

2.
1) 인터넷이 대중화되면서 사회가 엄청나게 빠르게 변화하고 있다.
2) 생산 시설의 자동화로 인해서 대량 생산이 가능해졌다.
3) 최근 범죄가 지능화함에 따라 경찰이 이를 따라가지 못하고 있다.

3.
자유 작문

4.
1) 여름에 호박을 썰어서 말려 놓았다가 겨울철에 다양하게 이용할 수 있어요.
2) 채소를 잠깐 물에 담가 놓았다가 샐러드를 만들면 더 신선한 느낌이 나요.
3) 수박을 미리 냉장고에 넣어 놓았다가 시원하게 먹어야 맛있어요.
4) 고기를 하루 전에 양념해 놓았다가 팬에 기름을 두르고 구우세요.

5.
1) 미리미리 알아 놓았다가 나중에 여자 친구랑 같이 가야지.
2) 메모를 저장해 놓았다가 필요할 때마다 찾아보니까 편리하던데요.
3) 선물 사서 아이들 모르게 숨겨 놓았다가 크리스마스트리 밑에 놓아 두었지.

해답

4) 오래전부터 시골에 땅을 사 놓았다가 되파는 식으로 벌었다나 봐요.
5) 좋은 글귀를 적어 놓았다가 글을 쓸 때 가끔씩 인용하곤 합니다.
6) 아니요, 미루어 놓았다가 막판에 빨리 해 버려요.

6.
1) 돼지우리가 따로 없어요.   2) 밥도둑이 따로 없어요.
3) 난리가 따로 없었어요.   4) 신선이 따로 없구나.
5) 날강도가 따로 없더라고요.

7.
1) 스무 살밖에 안 돼 보이던데.
2) 일이십만 원밖에 더 되겠어?
3) 기껏해야 자기 방 정리 정도죠, 뭐.
4) 기껏해야 노점이나 차릴 수 있을까?
5) 기껏해야 작은 국내 대회 수상일 테니까 겁내지 마세요.

4) 요즘 면역력이 약해질 대로 약해진 것 같아요.
5) 자금 사정이 악화될 대로 악화되겠네요.

6.
1) 봄철인데도 어찌나 춥던지 덜덜 떨었다니까요.
2) 고추짬뽕을 한 숟가락 먹었는데 어찌나 맵던지 죽을 뻔했다니까요.
3) 동생 하는 짓이 어찌나 밉던지 때려 주고 싶더라니까요.

7.
1) 어찌나 놀랐던지   2) 어찌나 분하던지
3) 어찌나 웃기던지   4) 어찌나 반갑던지

8.
1) 나도 그런 아기 하나 있으면 좋겠다 싶더라고요.
2) 잘하던지   3) 배부르게 맛있게 먹고 왔어요.

제30과

1.
1) 오존층을 파괴하는 주범은 프레온 가스이다.
2) 치매는 뇌세포가 파괴되면서 생기는 질환이다.
3) 조리할 때 재료의 영양소가 파괴되지 않도록 하는 것이 중요하다.

2.
1) 두 가지 경우의 이득과 손실을 잘 따져서 판단해야 해요.
2) 어제 왜 그랬는지 따질 거야.
3) 옳고 그른 것을 분명히 따질 필요가 있어요.

3.
자유 작문

4.
1) 오를 대로 올랐습니다   2) 굽을 대로 굽으셨어요
3) 퍼질 대로 퍼져서   4) 떨어질 대로 떨어진
5) 멀어질 대로 멀어진

5.
1) 머리카락이 상할 대로 상했어요.
2) 색이 연해질 대로 연해졌어요.
3) 회담장의 분위기가 가라앉을 대로 가라앉았습니다.

복습 (제25과~제30과)

1.
1) 영   2) 뚝   3) 설마   4) 골고루   5) 저절로   6) 스스로
7) 푹푹, 꽁꽁, 쌩쌩

2.
1) 멈추었다   2) 닿지   3) 갇혀   4) 밀접하게   5) 파괴되었다
6) 따져

3.
1) 막은 채   2) 침입했다 하면   3) 놓았다가   4) 지칠 대로
5) 신기하던지

4.
1) 아버지께 한번 여쭈어 보겠지만 보나마나 안 된다고 하실 거예요.
2) 시시콜콜한 문제를 가지고 논쟁하거나 싸우지 맙시다.
3) 설마 로봇이 인간을 지배하는 세상이 오려고요.
4) 해가 지고 날이 어두워지자 급격히 기온이 떨어지기 시작했다.
5) 맛이면 맛, 분위기면 분위기, 모든게 완벽하고 심지어 가격마저 쌉니다.